SINGLE MY HOME

1人ときどき2人の家

〝シングルマイホーム〟という
新しい住まい方のすすめ

ウッドゆう建築事務所
横張国弘
Yokohari Kunihiro

現代書林

はじめに——今の時代だからこそ勧めたい、独身時代に始める家づくり

「まだ若いから、自分の家を持つなんて考えたこともない」

「将来結婚したら、自分の家を建てるかもしれない」

この本は、そんなふうに考えている若い方、独身の方のために書きました。

まだ若いから、独身だから、自分の家を持つのはずっと先のこと。そう思っている人が多いと思いますが、独身の今だからこそ、自分の住まい方を見直してほしいと思ったからです。


住宅をめぐる環境は、今、大きく変わりつつあります。新型コロナの感染に始まり、2021年に起きたウッドショック、その後のウクライナ危機、急激な円安の影響などで、建築資材が高騰しています。従来からの人手不足もあって、建築費は上がり、坪単価100万円という住宅も珍しくなくなりました。

そこに、昨今の諸物価の値上がりです。家を買いたくても、なかなか手を出せない。そんな人が多いのではないでしょうか。ひとことで言えば、今は、家が買いにくい時代です。

一方で、家を求めるユーザーのライフスタイルも変わってきました。核家族化、小家族化が進み、同居する家族の人数が減っています。また、最近は、若い人の晩婚化も顕著です。シングル時代が長くなり、一生独身という人も少なくありません。

にもかかわらず、売り出されている戸建住宅といえば、３ＬＤＫ、４ＬＤＫといったファミリータイプが主流です。１人世帯、２人世帯が増えているのに、その人たちが住みやすい戸建住宅がないのです。

もしも、シングルの人の手の届くような価格で、自分のライフスタイルに合った戸建住宅があったら。毎月の家賃と同じくらいの支払いで、家を買うことができたら——。そんな家があったら、今よりもっとゆとりのある、充実した独身生活を送れるのではないでしょうか。

今、もしあなたがアパートにお住まいなら、ちょっと想像してみてください。戸建ての持ち家なら、まわりの人に気兼ねすることなく、自分のしたいことを自由に楽しめます。

好きな音楽を心ゆくまで聴いたり、友人を呼んでホームパーティーで盛り上がったり、今までできなかったことが自由にできるようになります。

1人の今だからこそ、シングルライフを満喫してほしい。これが、本書で提案したい「シングルマイホーム」という新しい住まい方、生き方です。

結婚して、子どもが生まれてから家を建てて、40代から住宅ローンの支払いをするよりも、気力も体力もあり、バリバリ働いている20代、30代のうちにコンパクトな家を建てて、早めにローンの支払いを終わらせる。家賃を払うのではなく、ローンを返済して、自分の家を持つ。そのあと結婚したとしても、家が資産として役に立ちます。そこから、ファミリー向けの住宅を持つこともできます。

先ほど書いたように、今は建築資材が高騰し、建築費も値上がりしています。そういう時代だからこそ、将来に備えて資産づくりも兼ねた家づくりをし、持ち家で豊かな人生を送る。それが、これからの家づくりではないかと思うのです。

私は、40年以上にわたり、木造住宅にこだわった家づくりをしてきました。その中で、無駄な経費を削り、コストを抑えて家を建てるノウハウを、数多く身につけてきました。こういう時代だからこそ、そのノウハウを生かした、本当の意味での低価格住宅が必要ではないかと思います。

シングルマイホームは、シングルの人にフォーカスすることで、無駄を省いてコストを下げ、逆に必要な設備を充実させました。それは、ニーズに合わせて価格を抑えたコストパフォーマンスの高い住宅で、シングルのための適正価格住宅ともいえます。

「シングルは賃貸住宅」という古い常識は捨てて、シングルのうちに、自分らしい暮らし方を考えて一歩足を踏み出してください。きっと、その先に新しい世界が開けてくると思います。

２０２４年３月

ウッドゆう建築事務所代表　横張国弘

“シングルマイホーム”という新しい住まい方のすすめ　目次

CHAPTER 1

常識にとらわれない新しい発想の家づくり

CHAPTER 2

シングルの今だから持ちたい、自分の家

CHAPTER 3

私たちが提案するシングルマイホームとは

CHAPTER 4

品質を保ちながら低価格を実現したシングルマイホーム

CHAPTER 5

知っておきたい住宅ローンの話

CHAPTER 1

常識にとらわれない
新しい発想の家づくり

シングルの人が増えている

少子高齢化が進んでいます。このまま子どもが減り続けたら、日本の人口はやがて半減し、いずれは日本という国が無くなるのではないかとまでいわれています。笑うに笑えない話ですが、たしかにまわりを見まわすと、結婚していない人が多いように思います。

私が若い頃はほとんどの人が20代で結婚し、30代まで独身でいる人は少数派でした。ですが今は、30代で独身は当たり前、40代でも珍しくありません。

実際に30代の未婚率（２０２０年／『国勢調査「年齢階層別未婚率の動向」２０２２』を調べると、30~34歳では男性51・８％、女性38・５％、35~39歳でも男性38・５％、女性28・２％がシングルです。70年前（１９５０年）、30代まで独身の人は、男女ともわずか３％程度しかいませんでした。いかに結婚が遅くなっているか、わかります。

さらに生涯未婚率を見ると、１９９０年以降急激に上昇し、２０２０年は男性が28・３％、女性は17・８％。なんと、男性の４分の１以上、女性の６分の１以上が、生涯未婚

年齢階層別未婚率の動向

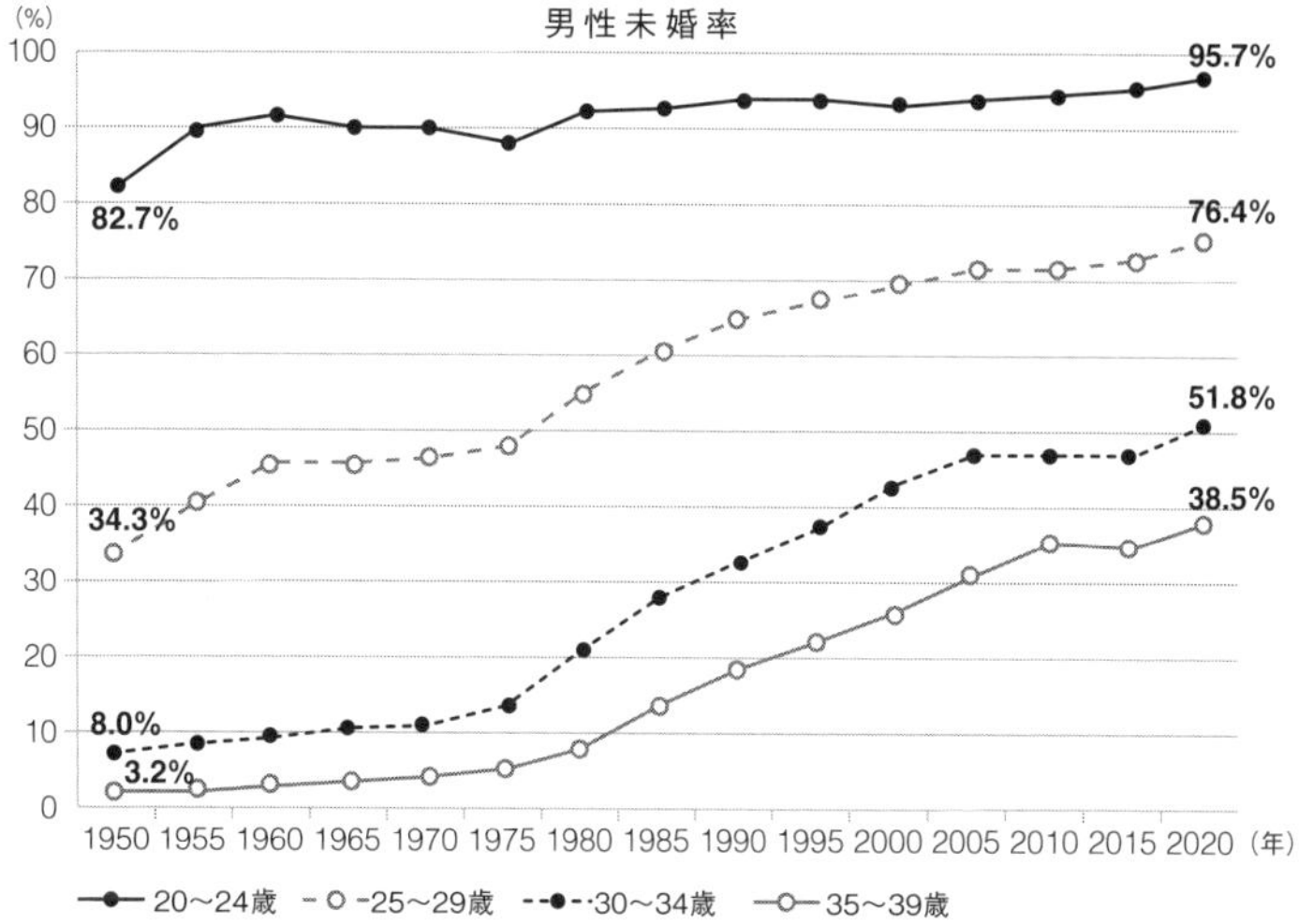
男性未婚率
(%)
100
90
80
70
60
50
40
30
20
10
0
95.7%
82.7%
76.4%
51.8%
38.5%
34.3%
8.0%
3.2%
1950 1955 1960 1965 1970 1975 1980 1985 1990 1995 2000 2005 2010 2015 2020 (年)
20〜24歳
25〜29歳
30〜34歳
35〜39歳

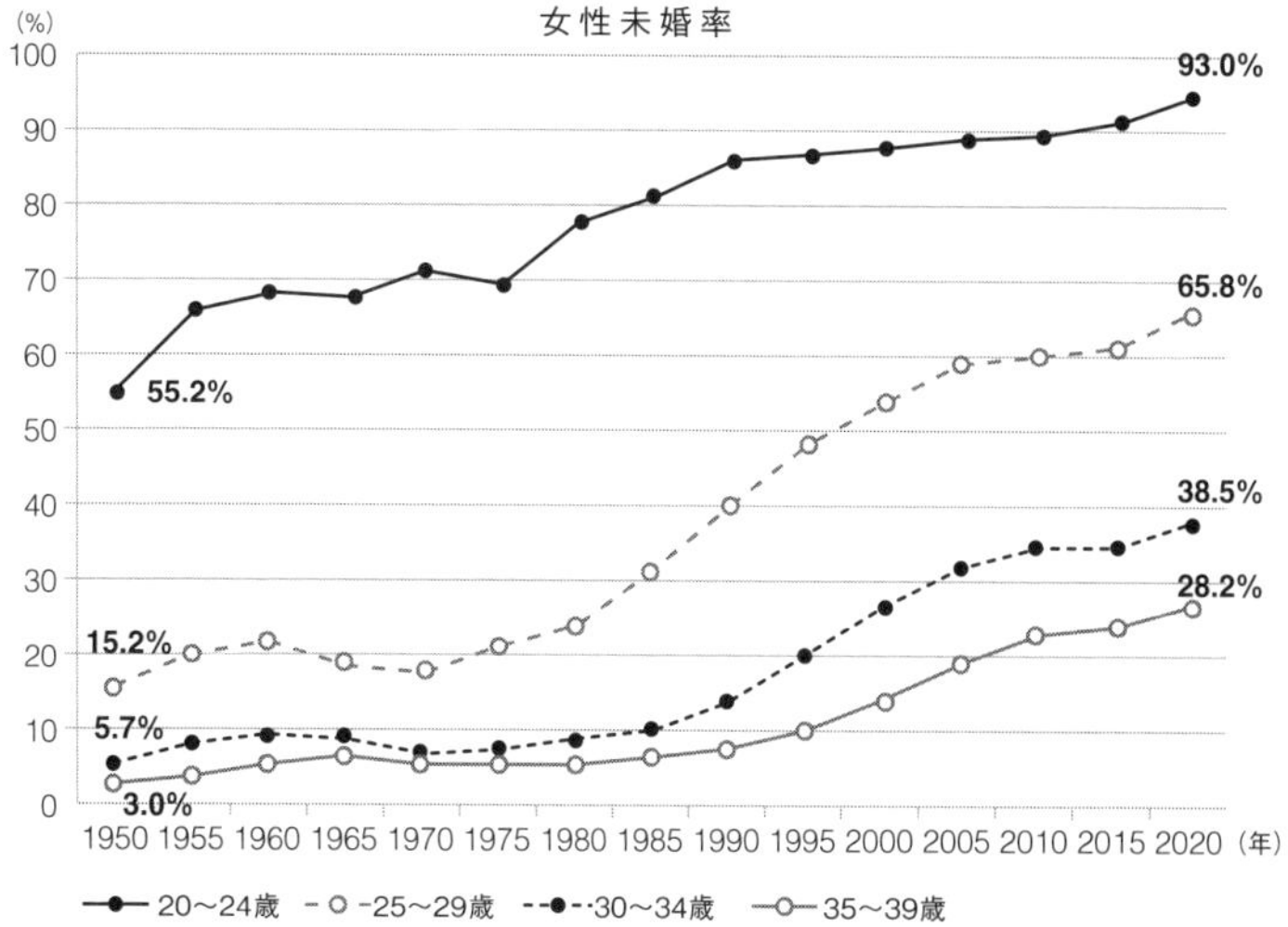
女性未婚率
(%)
100
90
80
70
60
50
40
30
20
10
0
93.0%
55.2%
65.8%
38.5%
28.2%
15.2%
5.7%
3.0%
1950 1955 1960 1965 1970 1975 1980 1985 1990 1995 2000 2005 2010 2015 2020 (年)
20〜24歳
25〜29歳
30〜34歳
35〜39歳

(2022年国勢調査による)

生涯未婚率

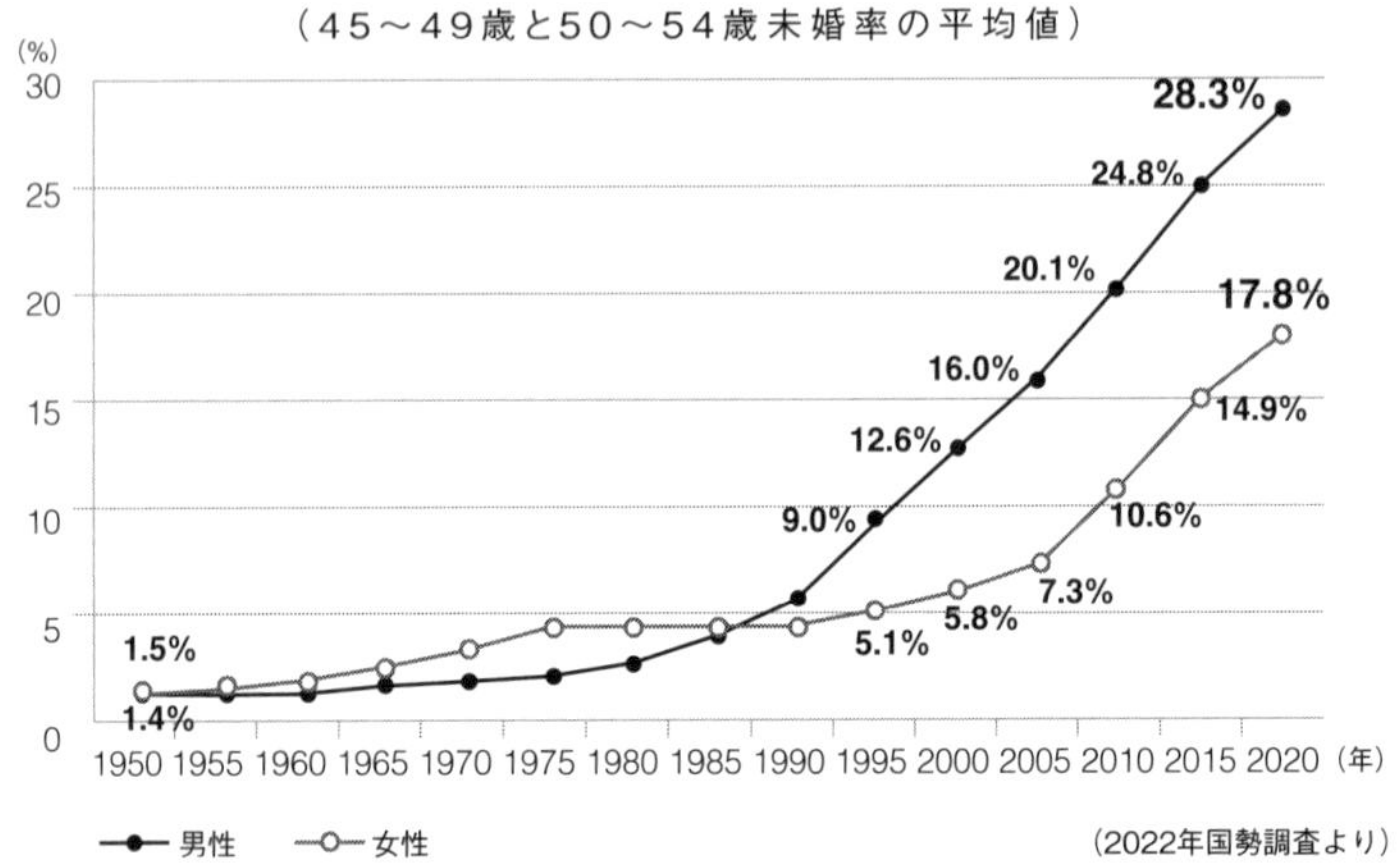

の可能性があるのです。

生涯未婚率とは、「45～49歳」と「50～54歳」の未婚率の平均から割り出した、50歳時の未婚率のことです。実際に生涯独身だった人の割合ではありませんが、この年齢まで未婚なら、おそらく生涯独身であろうと推測される、ということでしょう。

こうした統計からも、若い人の晩婚化傾向が顕著です。シングルの人が増えているだけでなく、シングルの期間も長くなっていて、それが一生続くこともある、ということです。

最近は離婚率も高く、３組に1組は離婚しているといわれています。２０２０年は、婚姻件数約52万５０００組余りに対して、離婚件数は約19万３０００組。この年は新型コロナ感染症の影響で婚姻率がとくに低かったということですが、離婚率は37%もあります。中でも目を引くのが、若い世代の離婚率の高さです。男性では30〜44歳、女性は25〜39歳の離婚率が高く、若い層のバツイチシングルが増えているのです。離婚後は母親が子どもを引き取るケースが多いので、必然的にシングルマザーが多くなります。

２０４０年には、日本の人口の約半分（47%）が独身という、「ソロ社会」が到来するそうです（国立社会保障・人口問題研究所、２０１８年推計）。それはもう、目前です。

シングルでもいろいろなケースがありますが、そのシングルの人たちの一生の住まいをどうするか。そういうことについて、これから書いていきたいと思います。

おひとりさまは一生賃貸、アパート暮らしなのか

親元を離れたシングルの人が住んでいるのは、多くの場合、アパートやマンションなどの賃貸集合住宅でしょう。進学や就職で１人暮らしが始まると、ほとんどの人はアパートに入居します。そのままそこに住み続けたり、ほかのアパートやマンションに住みかえた

りしたとしても、独身の間はたいてい、賃貸住まいです。

それはデータにも表れています。単身世帯の持ち家率を調べると、30代後半でも10％程度しかありません。同じ年代層の子どものいる夫婦世帯（約60％）、夫婦2人世帯（25％超）に比べると、単身世帯は圧倒的に持ち家率が低いのです。

シングルの人はなぜ、賃貸のアパートやマンションに住むのでしょうか。

①単身者用の物件が多く、借りやすいから。
②家賃が手頃だから。
③間取りが1人暮らしにちょうどいいから。
④いつでも引っ越しができるから。
⑤自由、身軽でいたいから。
⑥結婚の予定がないから。……

いろいろな理由はあるでしょうが、そもそもシングルでいる間は、自分の家を持とうという発想はあまりないようです。家を買うにはまとまったお金が必要だし、住宅ローンも組まなくてはなりません。将来、結婚や転勤、転職などで、住む場所が変わる可能性もあります。

一般的に、家の購入を決めるのは、結婚が決まった時や、子どもが生まれた時でしょう。結婚して、そろそろ腰を落ち着けなければと思った時、「自分たちの家」を考えるのではないでしょうか。逆にいえば、そういう、人生の大きな転換期を迎えなければ、「自分の家を持とう」とは、思わないのです。

賃貸アパートに住むのは、それまでのつなぎ。しかし、そう思って賃貸暮らしを続けているうちに、いつの間にか30代が過ぎ、40の大台に乗ってしまった、ということもあります。また、結婚や子どもの誕生という、大きなライフステージの変化がないまま過ぎてしまうと、家を購入する機会を逸してしまいます。

先のことは、誰にもわかりません。しかし先ほどの統計を見てわかるように、シングルライフは意外に長く続くこともあるのです。

賃貸のアパートやマンション暮らしは、気楽かもしれません。しかし、考えてもみてください。部屋を借りている間は、毎月の家賃を払い続けなければなりません。その家賃は何の経済的なメリットも生み出さず、消えていくのみです。それが、10年、15年続いたとしたら……その時、あなたの手元には何も残っていないのです。これほどもったいない話はありません。

将来後悔しないために、今の自分の住まいのあり方を、一度見直してみる必要があるのではないでしょうか。

「一戸建て3LDK」という標準は誰が決めた

とはいえ、シングルの人が戸建住宅を買う気にならないのは、もっともだとも思います。なぜなら、売りに出されている建売住宅や分譲住宅は、ほとんどが3LDK、4LDKといったファミリータイプの住宅だからです。

注文住宅なら、土地の大きさやお客さまの要望に応じて、もう少し小さい家を建てることも可能です。しかし、たいていの場合、「どうせ建てるなら」と、ファミリータイプの家を勧められます。あまり批判めいたことは言いたくありませんが、小さい家より大きい家のほうが、ハウスメーカーには利益が大きいからです。

戸建住宅はファミリー向けが基本、なのです。分譲マンションも、同様だと考えていいでしょう。

両親に、子どもが2人。これが、ハウスメーカーが想定する一般的な家族の姿です。

建売住宅が盛んにつくられた高度成長期の時代、サラリーマンの父親と専業主婦の母親、小学生と中学生の子どもが2人。そんな家族を家庭の理想像として描き、子ども部屋が2つに夫婦の寝室、そしてLDK（リビング・ダイニング・キッチン）の3LDKを普及させました。それが定着して、今でも戸建住宅といえば、3LDK以上が一般的です。

しかし今、結婚して子どもを2人持つという家族像は、必ずしも一般的ではありません。

少子化が進んで子どもの数が減っていますし、結婚しても夫婦2人だけという家庭が増えています。女性の社会進出も当たり前になり、「専業主婦」という言葉は死語になりつつあります。

また、結婚にこだわらない風潮も強くなっています。晩婚化、未婚化で、シングルの人が増えていますし、結婚にこだわらずに子どもが欲しいという人もいます。離婚して子どもと暮らす、シングルファーザーやシングルマザーも多くなりました。

生き方が自由になったように、家族の形も多様になり、もはや一つの典型例にはおさまらなくなっているのです。

そういう時代に、3LDK以上のファミリータイプの住宅しか売っていないのでは、シングルが戸建住宅を買いたいと思うわけがありません。

シングル向けの戸建てがない！

住宅市場から独身者用の住宅が抜け落ちているのは、なぜでしょうか。

ハウスメーカーには、そもそも独身者用の戸建住宅をつくるという発想がないようです。単身者は賃貸のアパートかマンションに住むという先入観があり、戸建住宅のニーズはないと思っているからです。

単身者が買うとすれば、マンションという選択もあります。しかし、分譲マンションの多くも、ファミリータイプが主流です。シングル向けがあっても、壁一枚隔てただけのマンションでは、隣の部屋の物音などが聞こえたりしてプライバシーが守れなかったり、隣にどんな人が住んでいるかもわかりません。

またペットを飼いたくて分譲マンションを探しても、ペットを飼えないマンションがまだ多いのです。自分の家といっても、不自由さ、不便さは、賃貸も分譲もそれほど大きく変わらないのです。

自分の家が欲しいシングルは、こうしてシングル向けの住宅を諦めざるをえません。そして、３ＬＤＫの戸建住宅を購入することになります。しかし３ＬＤＫだと、１人住まいには間取りが広すぎるし、値段も張ります。毎月の支払いを抑えるために、住宅ローンも長期間になって、たとえば35年以上でローンを組むことになったりします。

将来の結婚に備えて、準備をしておこうという人もいるかもしれません。その後、結婚して子どもが生まれれば、「よかったね」という話になりますが、もしも結婚せず、独身のままでいたら、使わない部屋を抱えて、過剰な住宅ローンだけを一生払い続けるはめになってしまいます。ローンの支払いに追われていたら、結婚相手を見つける余裕もなくなってしまうでしょう。

大きい家を買うと、冷暖房や電気代などの経費がかかりますし、固定資産税もバカになりません。掃除も大変だし、家の修繕などのメンテナンスにも費用がかかります。アパートの1人暮らしでは必要なかった、さまざまな出費や手間が増えることになります。

本来、ゆとりと安らぎをもたらしてくれるはずのマイホームが、広すぎて持てあまし、ローンに縛られるだけの生活になってしまったら、その先の人生も暗いものになってしまいます。

家を買うことは、人生の一大イベントです。だからこそ、自分に必要な家、ふさわしい家を買って、その後の生活を豊かなものにしてほしい。住宅産業に関わる者の1人として、そう願うのは当然のことです。

大手ハウスメーカーは小さい家をつくらない

本当は需要があるかもしれないのに、シングル用の戸建住宅がないのは、建てても利益が出にくいからです。シングル用の戸建住宅は、建坪が小さく、間取りも1LDKや2LDKが多くなります。販売価格は立地や土地の広さで大きく変わるので一概には言えませんが、建物価格は1000万円台から、2000万円くらいまででしょう。

ところが、建築工事の手間は、家が大きくても小さくてもそれほど変わりません。仮設工事から基礎工事、本体工事まで、家を建てる工程は同じで、家の大きさにかかわらず、ひととおりしなければなりません。

手間がかかるのに、売り上げが少ない。つまり利幅が小さいので、大手のハウスメーカーはつくりたがらないのです。同じ手間をかけてつくるなら、ファミリータイプの大きな家をつくるほうがいいに決まっています。

逆に、大手ハウスメーカーで小さい家をつくると、割高になることがあります。大手メーカーの場合、あらかじめ利益率が決まっています。その利益を出すために価格を決めるので、小さい家でも高くつくのです。また、工期が長くかかって人件費が高くついたり、現場管理費や販売手数料などが上乗せされたりすることもあります。

地方では、住宅を建てる時の土地の広さは50坪以上が一般的です。これが住宅メーカーの規格のプランで、それくらいないと、３ＬＤＫ以上の広さの家は建てられません。もっと大きい家を建てたい人は、80坪くらい必要です。そういう大きな土地は、大手ハウスメーカーに集まります。

土地を売る労力は、３００万円で売る土地も、２５００万円で売る土地も同じです。同じ労力がかかるなら、不動産会社も小さい土地を扱いたくない。大きい土地のほうが、仲介手数料が多くなるからです。ですから、必然的に大きい土地が大手メーカーに集まり、手間のかかる小さな家より、ファミリー向けの大きな戸建住宅を建てることになります。

そこで、少々出過ぎた言い方になるかもしれませんが、私たちのような地域密着型の住宅建築業者が必要になってくるのです。

家づくりの価値観が変わってきた

昔は、家を建てるのは「男子一生の仕事」でした。一生に一度のことだから、大きい家、立派な家を建てたい。見栄もあるでしょうが、そんな気持ちでつい頑張ってしまうのが、昔の家づくりでした。

ですから、3LDK、4LDKは言うに及ばず、部屋が5つも6つもある大きな家が、地方にはよくあります。子ども1人に1部屋ずつ部屋をつくり、両親が年とった時のために部屋を用意し、客間までつくる。土地はありますから、いつの間にか大きな家ができてしまいます。当時は、大きな家がステータスでもありました。

しかし今、そんなに広い家が必要でしょうか。家は大きいほど、多くの資材を使い、建築費がかさみます。維持、管理も大変で、お金もかかります。また、大きい家をつくっても、家族みんながそこで暮らす時間は、そんなに長くはないのです。

以前は、家を建てるには頭金が必要でした。自己資金は購入価格の2割以上、残りを住宅ローンで借り入れるというのが一般的でした。ですから、ある程度収入がある人でも、生活を切り詰めて、まず頭金を貯めました。自己資金が貯まるまで10年以上かかりますから、家を建てられるのは早くても40代、50代になってから建てる人もいました。

ところが今は、自己資金ゼロ、保証人なしでも、住宅ローンを借りられます。住宅金融支援機構が行っている「フラット35」を始め、多くの金融機関がそういう便利な融資商品を用意しています。昔のように、節約してコツコツお金を貯めなくてもいい時代になったのです。

家を建てることはもう、「男子一生の仕事」でも、ステータスでもなくなりました。若い人や女性でも手の届くものになり、自分の身の丈に合った家を建てられる時代になったのです。

そうして手に入れた家が、住む人にゆとりと安心をもたらしてくれるものであることは、昔も今も変わりません。

家は、建てるより買う時代？

今の若い人たちは、新築住宅を建てるより、建売住宅を買う傾向が強いようです。

家を欲しいと思っている人が、目の前にある建売住宅を見て、気に入ったら、「今すぐ欲しい！」と思うのは、自然なことかもしれません。

でき上がった住宅なら、図面や工事の細かい打ち合わせなど必要なく、工期を待つこともなく、すぐに入居できます。最近の、現場に行って現物を見て決めるという、現物主義の影響があるのかもしれませんが、若い人たちは、欲しいものを目の前にして、「もう少し待って、ゆっくり考えよう」とは、なかなか思わないのでしょう。

しかしそれが結果的に、「こんなはずではなかった」という、あとで後悔する原因にもつながりかねません。

また昔の話で恐縮ですが、20年くらい前までは、家を建てたいという人が不動産屋に行って土地を買い、紹介された大工や工務店と打ち合わせながら家を建てたものでした。

住宅メーカーに行く人もいて、そこで図面を決め、土地探しから始めることもありました。そうやって時間をかけて家を建てるのが当たり前でしたが、今は目の前にあるでき上がった家を買う時代になったのです。車やテレビや家具を買うのと、同じような感覚です。

しかし、家を一軒、土台から建てるのは、生やさしいことではありません。作業は重労働で、寒い日も暑い日も休まず、工期に間に合わせるために職人たちは一生懸命働いています。でき上がった住宅は、現場の人たちの汗と努力の結晶です。

しかし、建売住宅を買った人たちには、そういうものは見えません。見えるのは、きれいにでき上がった住宅だけです。

「建てる」ことから始める家づくりは、家ができ上がるプロセスを自分の目で確認でき、職人たちの仕事ぶりも目で見ることができます。そこから、現場の人たちへの感謝の気持ちが湧いたり、家への愛着が生まれたりします。古い人間だと笑われそうですが、そういう家づくりを、私は大事にしてきました。

ですから、家は買うより建ててほしいと思いますが、建売住宅にも注文住宅にも、それぞれメリット、デメリットがあります。その両方のよさを生かした中間的な位置付けにあるのが、規格型住宅です。私たちは、なるべく価格を抑えながら、品質や住む人のこだわりにも配慮した規格型住宅を、長年手がけてきました。

最近ブームの中古住宅はどうか

最近は、中古の戸建住宅が注目されています。子どもが独立して家を出て、高齢になった親が亡くなったり、施設に入ったりしたあとの住宅は、空き家になります。そんな空き家が増えていて、全国には長期にわたって住む人のいない空き家が349万戸（2018年「住宅・土地統計調査」）もあるそうです。この数は、今後もさらに増えるものと予測されます。

人が住まなくなった空き家は老朽化が進むのも速く、「空き家問題」として社会問題化するようになりました。

そんな空き家をリノベーションして人に貸したり、自分でリフォームしたりして住んでいる人が増えています。

中古住宅なら、安く買えます。私の事務所の近くでも、数百万円で買える空き家が売り出されています。中には、驚くほど安い中古物件もありますが、あまり安い物件は、あとで修理・修繕費がどれだけかかるかわからないので、注意が必要です。

その空き家の値段が、空き家ブームの影響なのか、最近高くなってきました。大きな物件だと1000万円を超えるものもあって、中古とはいえ簡単には買えなくなっています。大きな物件は、リフォームにもお金がかかります。

中古住宅は、そもそも人に貸すように建てたものではありませんから、大きい物件が多くなり、シングルや小家族にはあまり向きません。

また、住宅ローンを組む場合、築年数が古いと銀行の担保評価額が低くなり、借入額が少なくなることもあります。自分が住むのではなく、人に貸したり、店舗にしたりするために空き家を購入した場合は、そもそも住宅ローンが使えません。

増えている空き家の利活用という点で、空き家を購入するのも一つの方法ですが、立地や広さ、築年数、リフォーム費用などをよく考えて、購入を決める必要があると思います。

ライフスタイル、ライフステージに合わせた家づくり

この章の冒頭に書いたように、今は家族の形が多様になり、従来のように夫婦に子どもが2〜3人の家庭が、必ずしも標準ではなくなりつつあります。ですから、これからは家族の形に合わせるのではなく、住む人のライフスタイルやライフステージに合わせた家づくりが必要になってきます。

日本では、一度家を建てたら、ずっとその家に住み続けますが、欧米では、その時の家族の形態に合わせて、家を住み替えるのが普通です。たとえば、夫婦2人の時は機能的でコンパクトな家に住み、子どもが生まれて4人家族になったら、郊外の広い家に引っ越します。子どもたちが独立してまた夫婦2人に戻ったら、2人暮らしに合うサイズの家に買い替えます。そのために、中古住宅市場が活況です。

このように、ライフステージに応じて家を買い替える（もしくは借り替える）住まい方は合理的だと思いますが、日本ではなかなかそうはいきません。

しかし、考えてもみてください。３ＬＤＫ、４ＬＤＫの家を買っても、何年子どもたちと一緒にその家に暮らせるでしょうか。子どもに部屋が必要なのは、小学校の高学年から高校を卒業するくらいまでですから、せいぜい9年か10年です。子どもたちが進学や就職で家を離れたあと、残されるのは夫婦２人です。

じつはそれからの人生のほうが、ずっと長いのです。子どものために、１人1部屋ずつ子ども部屋をつくっても、子どもたちがいなくなれば、結局は使わないまま放置されてしまいます。

さらに、夫婦2人の生活になっても、どちらかが先に亡くなったり、施設に入ったりしたら、１人になってしまいます。そう考えると、はたして3ＬＤＫ、４ＬＤＫという広い家が必要なのか、考えてしまいます。

むしろ私は、小家族に照準を合わせた家づくりのほうが、今の時代に合っているのではないかと思います。小さい家は、意外と、使い勝手がいいのです。それについては、次の章以降、詳しくお話しします。

CHAPTER 2

シングルの今だから
持ちたい、自分の家

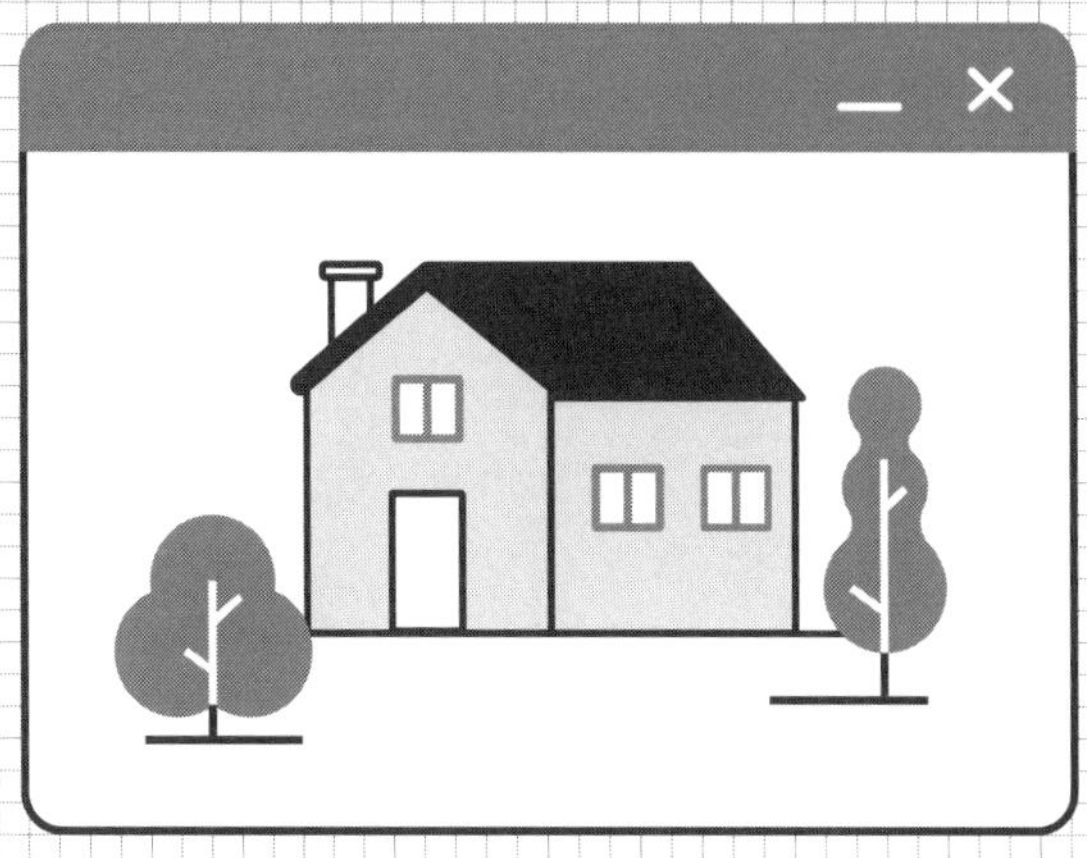

「シングル＝賃貸」という常識で住まいを選んでいないか

1人暮らしを始める時、ほとんどの人は何の迷いもなく、賃貸のアパートやマンションを借りるでしょう。一方、同じ賃貸でも、戸建ての住宅を借りる人はめったにいません。「1人暮らしは賃貸のアパートかマンション」という暗黙の了解が、ユーザーにも不動産業者にもあるからです。そもそも、1人暮らしの人が借りられるような戸建賃貸住宅自体、ほとんど見当たりません。

このように、シングルは賃貸の集合住宅という常識は、広く建築業界に根づいています。しかし、そこに住む当の住人たちは、その住まいに満足しているのでしょうか。

アパートやマンションは共同住宅ですから、まわりの人たちに迷惑にならないように、一定のルールがあります。ゴミ出しや共有スペースの使い方を守るのは当然ですが、そのほかにも、賃貸ならではの決まりがあります。

たとえば、騒音問題。マンションは、比較的構造がしっかりしているものもありますが、一般に賃貸の集合住宅は、薄い壁一枚で部屋が仕切られています。その壁を隔てて、隣には知らない人が住んでいますから、大きな物音や話し声、音楽などは禁物です。騒音トラブルは、最悪の場合、事件にまで発展することがありますから、気をつけなければなりません。

また、内装を勝手に変えることはできません。気に入らないからといって壁のクロスや備え付けの照明器具を取り替えたり、棚をつくったりすると、退去時にお金がかかることがあります。借主には、退去時に原状回復の義務があるからです。厳しいところでは、壁にネジや釘の穴さえ開けられないところもあります。

最近はペットを飼っている人が多いですが、賃貸ではペットを飼えないところがほとんどです。ペットを飼いたい場合は、「ペット可」の物件を探さなければなりません。

それ以外にも、物件ごとに約束事があったりしますから、最初に契約書をよく読んでおく必要があります。

アパートや賃貸マンションは一時的に借りている住宅ですから、自分の好きなこと、やりたいことが自由にできるわけではありません。また、同じところにいろんな人が住んでいますから、我慢したり、不快な思いをしたりすることもあります。賃貸には制約があり、不自由さがともなうことを、理解しておくべきでしょう。

それにしても、シングルは賃貸に住むものだという決まりがあるわけではないのに、「シングル＝賃貸」「シングル＝アパート」は、いつ常識になったのでしょうか。

そんな常識にとらわれることなく、もう少しフラットに住まい方を考えると、シングルでも違う選択が見えてきます。

戸建てに住みたいシングルは、意外に多い

私がそんなふうに考えるようになったのは、ある経験があったからでした。

私は5、6年前から「大家誕生」という戸建賃貸シリーズをつくり、賃貸経営をしたいという人に戸建住宅の建設を勧めてきました。賃貸の戸建住宅は、需要があるにもかかわらず、供給数が少ないからです。シリーズは3ＬＤＫのファミリータイプが中心ですが、入居率が高く、オーナーさんの評判も上々でした。

そこで、私自身も賃貸住宅の管理者になって、賃貸経営がどんなものなのか経験してみ

ようと思いました。つくったのは駐車場付きの１ＬＤＫという、２階建ての小さな家です。

入居者を募集すると６人も集まり、あっという間に入居者が決まりました。入居したのは、29歳の独身男性でした。シングルの人を対象にしたわけではないのに、シングルの入居希望者が多かったことには、正直、驚きました。

最初の入居者が２年後に転勤で退去されたあと、再度入居者を募ったところ、今度は10人も希望者が押し寄せました。空室のあるアパートが多い中で、一つの物件にこんなに希望者が集まることはめったにありません。普通は、多くてもせいぜい２〜３人です。

シングルでも、「戸建住宅に住みたい」という要望はあるのです。そしてその要望は、私たちが思っている以上に、大きかったのです。

その中には、「この住宅を買いたい」と申し出てきたシングルの方もいました。しかし、賃貸物件ですから、残念ながら売るわけにはいきません。

この経験が、発想の転機になりました。シングル向けの戸建住宅には、間違いなく需要がある。そう、直感したのです。

今までの常識を覆した「シングルマイホーム」の誕生

これまで、「シングルは賃貸（アパート）」という常識が蔓延し、シングルはアパートや賃貸マンションに住むものだと、私も含めて、ほとんどの人が思い込んでいました。しかし、そうではありませんでした。シングルの人が必ずしもアパート住まいを望んでいるわけではなく、賃貸の戸建住宅という選択肢があったのです。

そうであるのなら、賃貸の家賃と同じくらいの価格で買える戸建住宅があれば、欲しいという人はもっと多いのではないか。この発想の転換が、「シングルマイホーム」を考案するきっかけになりました。

私たちは、実際にシングルでも買えそうな新築戸建住宅があるかどうか、探してみました。すると、そういう戸建住宅がほとんどないのです。ないのなら、私たちがつくるしかありません。

こうして、今までの常識を覆した「シングルマイホーム」という新しい住まい方が生まれたのです。

私はこれまで、40年以上住宅建築に携わってきましたが、振り返れば独身の方からの戸建住宅の注文がなかったわけではありません。これまで、何棟か建てたことがあり、シングルの方でも、女性でも、戸建住宅を建てたいという人は少なからずいたのです。

彼ら、彼女らがなぜ大手ビルダーに行かなかったのかといえば、大手ビルダーがつくる家は大きすぎて自分のライフスタイルに合わず、住宅ローンの返済も大変だったからです。シングルの人は、そこまで大きな間取りを求めていないのです。

だからこそ、シングルの人向けに特化した家なら、欲しいと思う人はいるでしょう。しかもその返済が、家賃並みか、それ以下の金額でまかなえれば、若いシングル層でも買いやすくなります。そうなれば、「シングル＝賃貸（アパート）」という常識は、もはや常識ではなくなります。

「楽しいウサギ小屋」のすすめ

日本の住宅は、昔から「ウサギ小屋」と呼ばれていました。

私がまだ子どもだった昭和20年代、30年代は、戦後の住宅不足を解消するために、盛んに公団住宅や建売住宅がつくられました。その頃の建売住宅は、1階に台所と6畳の和室、2階に4畳半と6畳の和室という小さい家で、そこに両親と子ども2、3人は当たり前、親のきょうだいや祖父母が同居することもありました。それでも、子どもたちは立派に育ち、巣立っていきました。

そんな小さくてチマチマした日本の家屋は、アメリカ人から「ウサギ小屋」と呼ばれていました。小さい家なら、建築資材も少なくてすみます。当時は国産の木材が建築資材に使われていましたが、アメリカは自国の木材の輸出を増やすために、日本の小さい家を「ウサギ小屋」と揶揄し、もっと大きな家をつくるように盛んにPRしていたのです。

それ以来、日本の住宅には「ウサギ小屋」というイメージがつきまとい、小さい家は家

ではないような風潮が生まれました。日本人自身も、「ウサギ小屋」という言葉を自嘲ぎみに使っていたのではないでしょうか。

その言葉の呪縛から逃れるように、日本の住宅は徐々に間取りが大きくなり、その後広いLDKなどもつくられるようになりました。

しかし、ウサギ小屋でいいではありませんか。むしろ私は、これからは「楽しいウサギ小屋」という選択もありだと思っています。第1章で書いたように、日本の家族は小家族化しており、一家族2~3人の家庭も少なくありません。ましてシングルが住むのに、広い家は必要ないのです。

それよりも大事なことは、小さくても、ゆとりのある生活ができることです。ゆとりある生活とは、経済的にも精神的にも余裕がある生活のことです。人はゆとりがあるからこそ、楽しく暮らせるのです。

広い立派な家に住んでいても、毎月ローンに追われ、節約するだけの生活をしていたら、楽しい生活とはほど遠い暮らしになってしまいます。むしろ、精神的に追い詰められてしまい、いったい何のために家を買ったのか、わからなくなってしまうでしょう。

ウサギ小屋のように小さな家でも、1人だったら十分な広さがあります。ローンの返済に余裕があれば、自由になるお金が増えて、いろんな趣味を楽しめます。車も持てるし、たまには旅行に行ったり、おいしいものを食べたりすることもできます。やりたいことを諦めるどころか、それまで以上の生活を楽しむことができるのです。

しかも、家賃の代わりにローンを払えば、家は財産として残ります。それが将来の安心につながり、ゆとりある生活の基盤になります。

今の自分に必要なサイズの家を、買える時に買っておく。小さくても、マイホームを持つことで、精神的にも経済的にもゆとりが生まれます。生活を楽しむ余裕も出てきます。これが、私が考える「楽しいウサギ小屋」生活です。

独身の今だから、仕事もプライベートも楽しむ

今、20代後半から40代前半になる世代（1981〜1996年生まれ）を、「ミレニアル世代」と呼ぶそうです。西暦2000年以降に成人になった世代なので、西暦を1000年単位で区切った千年紀「ミレニアム（millennium）」に由来して、その名前がつけられたそうです。

この世代は、子どもの頃からインターネットが身近にあり、ITの発展とともに成長しました。ですから、ITを扱う高いスキルを持ち、仕事を熱心にする一方で、「ゆとり世代」とも呼ばれているそうです。仕事を優先させる傾向が強かったそれまでの世代とは違い、仕事とプライベートを両立させて楽しむ生き方に、価値を置いているようです。

このミレニアル世代の人たちの、仕事に対する意識を調べると、職場や働き方を選ぶ際に重視しているベストスリーは、「お金」「安定」「休暇」だそうです。努力に見合った収入と、安定した職場環境を求めると同時に、自分のための時間を大切にしていることがわ

かります。

そういうミレニアル世代に、シングルマイホームという住まい方は、よく合います。戸建てのマイホームなら、夜中でも隣や上下階の人に気を使うことなく過ごせます。好きな音楽を聴いたり、楽器の演奏をしたりすることもできます。誰に遠慮することなく友だちを呼んで、パーティーや飲み会も開けます。ただし、大音量を出せば、ご近所迷惑になることは言うまでもありません。

ゆったりした間取りに、駐車場付きの小さな庭。1人暮らしには少し贅沢にも思える一戸建ては、働き盛りのミレニアル世代に豊かな充足感をもたらすでしょう。

いつまでも賃貸アパートに住み続ける理由が、どこにあるでしょうか。

自分の家を持つのに、結婚まで待つ必要があるのでしょうか。

それよりも、独身でいる今の時間をもっと楽しんで、充実させたらどうでしょうか。

その家賃、ずっと払い続けますか

シングルの人が戸建住宅を持つのをためらう理由に、お金の問題があります。小さい家とはいえ、一戸建てを建てるとなれば、お金がかかります。それも、かなりの高額です。

・貯金がないけど、家が買えるのか。
・住宅ローンが組めるのか。
・いくらぐらい借りられるのか。
・月々のローンが大変ではないか。
・ローンを何十年も払い続けられるだろうか。

家を買うとなれば、誰もが持つ不安です。

しかし、今は各金融機関からさまざまな融資商品が出ており、住宅ローンを借りやすく

「シングルマイホーム」購入シミュレーション

『1人ときどき2人の家』

販売価格：税込 899 万円

『住宅ローン支払い例』

ろうきん 変動金利 0.625%

18 年計算

自己資金：	**0 円**
土地（大体 25~35 坪）：	180 万円
『1人ときどき2人の家』：	899 万円
諸費用：	120 万円
総額：	1,199 万円
	（借入額 1200 万円計算）

月々 58,753 円

なりました。すでに紹介したように、自己資金がなくても組める住宅ローンがいろいろありますから、頭金ゼロで住宅資金を全額借り入れることもできます。

とはいえ、全額借り入れとなると、月々の返済額や返済期間が気になるでしょう。

ローンについては5章で詳しく説明しますが、毎月の返済額は、借入金額と借入期間によって決まります。借入期間を長くすれば毎月の返済額は少なくなりますし、短くすれば多くなります。その毎月のローンの返済が、家賃と同じかそれ以下だとしたら、どうでしょうか。

皆さんは、家賃を毎月どれくらい払っていますか。家賃は通常、手取り収入の3分の1

以内までといわれています。手取り額が月に20万円なら、6万6000円までが上限の目安です。仮に6万円として、その部屋を借りている限り、毎月6万円を払い続けなければなりません。年間にして72万円、10年住み続ければ720万円になります。契約を更新する際には、更新料の支払いが必要なところもあります。

6万円の家賃を何年払い続けても、手元には何も残りません。しかし同じ6万円でもローンとして支払えば、返済が終わったあとに土地も家も自分の財産として残ります。言い換えれば、ローンを返しながら、着実に資産を形成できるのです。

この差は、皆さんが想像する以上に、大きな違いを生み出します。

将来が不安だからこそ若いうちに戸建てを建てる

東京都内で1人暮らしをしているAさん（45歳・女性）は、毎月8万円ほどの家賃を払っています。大学を卒業してから23年間、家賃を払い続けてきましたが、最近憂うつな気分に襲われるそうです。なぜ「持ち家」という選択肢を考えなかったか、今になって後悔しているというのです。

最近は、シングルの女性でも、家を買う人が増えてきました。世の中が不安定になり、将来に不安を感じている人が多くなっているのでしょう。Aさんもこのまま独身生活を続けていたら、賃貸住宅に住み続け、70歳、80歳になっても、家賃を払い続けなければなりません。

かといって、今マンションや戸建住宅を買うのも、不安です。これから家を買って住宅ローンを組んだら、払い終わるのがいったい何歳になるのか、見当もつきません。それまで、今と同じように働き続けられるかどうかもわからないからです。

「これなら、もっと早く家を買っておけばよかった」と憂うつになる気持ちも、よくわかります。

若いうちは仕事があってバリバリ働いていても、20年後、30年後はどうなっているかわかりません。自己責任を問われることが多い日本では、老後を丸ごと国の制度に依存することは、とてもできません。これから年金制度もどうなるかわかりませんから、自分の生活は、自分で守らなければならないのです。その時に、自分の家があるのとないのとでは、大きな違いがあります。

暗い話になりますが、こんなデータがあります。生活保護の受給状況を見ると、賃貸住宅に住む65歳以上の高齢者世帯の約3割（約90万世帯）が生活保護を受けているそうです（2018年「住宅・土地統計調査」）。賃貸住宅に住む高齢者は、生活保護を受ける可能性が高くなる、ということです。

私は、家を買うなら、早ければ早いほどいいと思っています。今は、コツコツ頭金を貯めて、家を買う時代ではありません。貯金も自己資金がなくても、住宅資金は借りられます。若いうちに家を買えば、ローンの支払いも早く終わります。40代前半くらいまでにローンを払い終えれば、その後の生活はすごく楽になるでしょう。

ローンを払い終える前に結婚しても、夫婦2人のうちは十分その家に住めますし、子どもが生まれて手狭になったら、もっと広い家に買い換えればいいでしょう。

その時に、今住んでいる家が資産として役に立ちます。賃貸に出したり、売って現金に変えたりすれば、新しく組むローンの頭金に当てられます。独身のうちに培った資産が、結婚してからも大いに役立つのです。

ちなみに先ほど紹介したAさんも、後述するシングルマイホームなら、45歳で購入しても、決して遅すぎることはありません。

コンセプトは「1人ときどき2人の家」

とはいえ、何度も書くように、単身者用の戸建住宅はほとんどありません。たまに都内で狭小地を活用した建売住宅が売り出されていることがありますが、土地代が高いせいか、とても若い人が買えるような金額ではありません。

しかし、都心から少し離れた郊外の狭小地を利用すれば、20坪くらいの小さな家をリーズナブルな価格で建てることができます。

新型コロナ感染症の影響でテレワークやリモートワークが普及し、在宅勤務をしている人が増えています。Bさん（40歳・男性）は勤め先のある都心まで、1時間半くらいの郊外に「シングルマイホーム」を建てました。オフィスへの通勤は週に2回、あとは在宅勤務なので、自然豊かな郊外の1人暮らしを満喫しています。

都内まで、通える範囲だけれども少し離れた狭小地なら、土地代はかなり抑えられます。土地代を抑えられれば、その分、家にお金をかけることができます。

「シングルマイホーム」間取り例

私たちが企画した戸建住宅「シングルマイホーム」は、若い人が住みやすく、買いやすい規格で設計してあります。今までのアパートより広く、普通の一戸建て住宅よりは小さい家。間取りは2LDKか、それにサービスルーム（納戸）がついた2LDK＋S（2SLDK）です。

単身者用のアパートは、一般的に25～40㎡の広さですが、延べ床面積が16・5坪の標準的なシングルマイホームは、約54・5㎡あります。かなりゆったりしていることがわかるでしょう。

シングル向けとはいえ、誰かと一緒になっても住める家なので、「1人ときどき2人の家」というコンセプトでつくりました。

誰かというのは、誰でもいいのです。一緒に住みたいパートナーが現れたら、一緒に住んでもいいですし、結婚したら夫婦2人で住んでもいいでしょう。子どもが小さいうちなら、3人でも住めます。

離婚して子どもと2人暮らしのシングルマザーやシングルファーザーでも、十分な広さです。

子どもを育てながら働くシングルマザーの場合、懸命に働いて得たお金の何割かを家賃として支払うのは、本当にもったいない話です。その分を家の資金として使えたら、払う家賃も無駄にはなりません。子どもが巣立って1人になっても、家と土地が資産として残り、その家にずっと住み続けられます。しかも、ローンが終われば、家にかかる費用はなくなりますから、老後は年金だけでも安心して暮らせます。

また、今は1人暮らしでも、何年かのちに、親と同居することがあるかもしれません。そんな場合でも、躊躇なく親を呼び寄せることができます。

人の一生のうちには、1人でいる時もあれば、2人になる時もあります。そんなライフステージの変化に、柔軟に対応できる家。「1人ときどき2人の家」は、じつはとても使い勝手がよく、多様な使い方ができる家なのです。

建売住宅にはない、シングルマイホームのよさ

シングルマイホームは、建売住宅ではありません。注文を受けてから、建てます。かといって、完全な注文住宅でもありません。注文住宅でも、建売住宅でもない、規格型住宅です。ある程度設計プランが決まっており、規格化されていますから、注文住宅のように工期が長くかかることはなく、価格も低く抑えられます。

このシングルマイホームの一番のメリットは、初めから入居者のターゲットを絞っていることです。

建売住宅はすでに竣工されている住宅で、不特定多数を対象にしているため、入居者はさまざまです。5人家族かもしれませんし、夫婦2人かもしれません。独身の子どもと高齢の両親かもしれません。どんな入居者にも合うように、3LDK、4LDKという、比較的広い間取りでつくってあります。

ところがシングルマイホームは、基本的にはシングルの人を対象にしており、「1人と

き2人」というコンセプトに合った設計条件でつくっています。ですから、結果的に無駄がなく、忙しいシングルの人が住みやすい間取りになっています。

また、内装も若いシングル層に合うように、シンプルで機能的です。

建売住宅はすでにでき上がっていますから、システムキッチンも壁のクロスの模様も、ドアのデザインも、変えることはできません。しかしシングルマイホームはこれから建てるので、住む人の希望をある程度反映させることができます。

シングルマイホームについては、次の章でもう少し詳しく説明しましょう。

CHAPTER 3

私たちが提案する
シングルマイホームとは

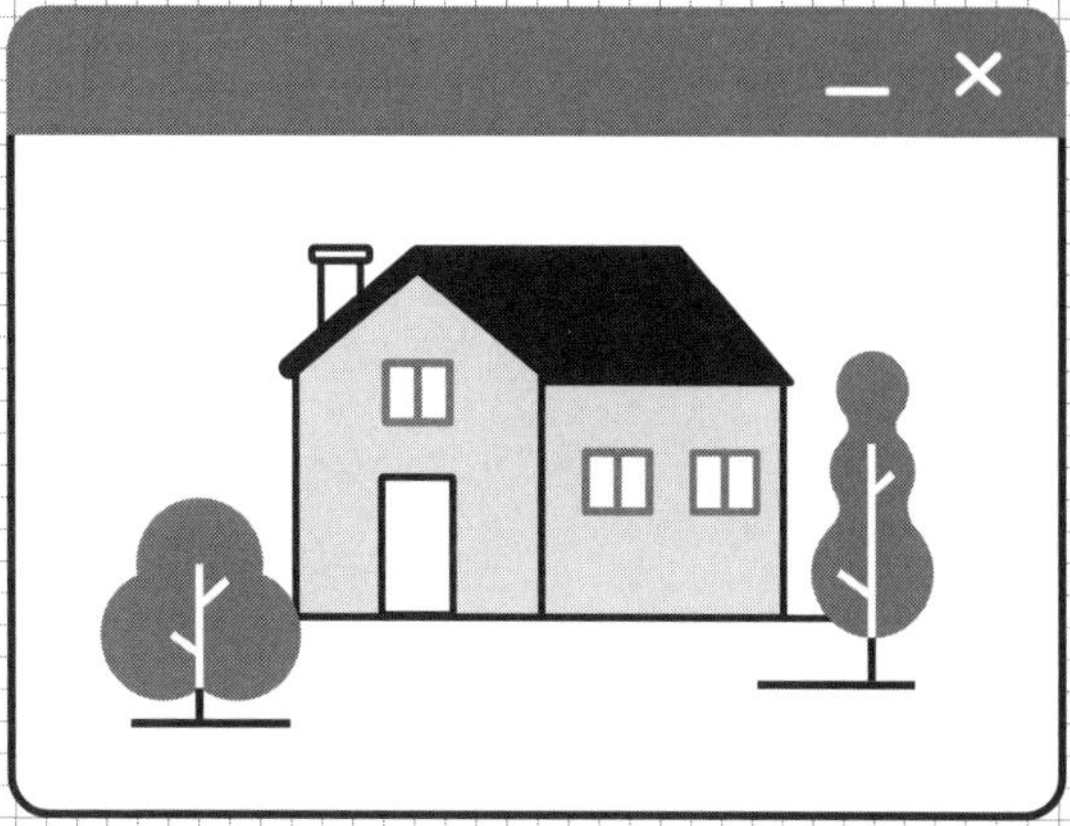

住みやすさ・心地よさを追求したシングルマイホーム

シングルマイホームの特徴は、シングルに特化した住宅設計になっていることです。価格設定も、シングルの人がローンを組んで毎月の支払いが負担にならない価格帯に抑えてあります。そのために、シングルに必要ないと思われる設備は省き、代わりに、忙しいシングルに必要だと思われる設備を備えました。

その一つが、ランドリースペースです。洗濯機や乾燥機を置くスペースがあり、室内干しができます。

朝、洗濯物を干して出かけると、その日の天気が気になりますね。夕方雨に降られて、洗濯物がぬれてしまった。1人暮らしの人なら、こんな経験は1度や2度ではないでしょう。しかしランドリースペースがあれば、天気のことも帰る時間も、気にする必要はありません。

その代わり、バルコニーやベランダはついていません。洗濯物は室内干しにする。これ

が、シングルマイホームが提案するライフスタイルです。ランドリースペースがあれば、洗濯物を洗って干してたたむという一連の動作が、1箇所でできて効率的です。急な来客があっても、干した洗濯物が来客の目にふれることはありません。

防犯性や安全性への配慮も、シングルの人には嬉しい点でしょう。浴室や洗面所が2階にあるプランが多く、お風呂から上がってすぐにベッドルームに移動できるので、防犯上安心ですし、疲れて帰っても、お風呂から上がってすぐに自室でゆったりできます。もちろん窓には、シャッターが付いていますから、女性の1人暮らしでも安全です。

全体にコンパクトで合理的な設計なので、

無駄な動線がなく、忙しいシングルには生活しやすい間取りだと思います。

また、サッシ、ドア、床、壁、システムキッチン、クローゼット、収納棚などの室内装備は、アパート仕様ではなく、一般の注文住宅と同じ品質のものを使っています。しかも、機能的でシンプルなデザインなので、見た目もおしゃれです。

賃貸アパートやマンションは、自分が住むための住宅ではなく、人に貸すための住宅です。そのため経済性が優先される傾向にあり、建築費を抑えるために、安い建材やサッシ、水まわり設備などを使いがちです。

しかし、シングルマイホームは、住まう人のために設計された住宅です。ですから、水まわりも一般戸建住宅と同じ仕様で、浴室、トイレ、洗面所が独立してあります。これも、暮らしやすさを最優先に考えているからです。

基本仕様は土地と合わせて２ＬＤＫ１２００万円までの家

シングルマイホームは、一戸建ての規格型住宅です。規格型住宅は注文住宅の一種で、いくつかの設計パターンの中から、住む人のニーズや土地の広さに合った設計を選んでもらい、基礎から建てる住宅です。

フルオーダーの注文住宅では、設計の段階で要望がどんどん膨らんでいって、結果的に予算を大幅に上回ってしまうことがあります。しかし規格型では、間取りや使う材料、設備などがある程度決まっていますから、予算オーバーの心配どころか、建築費を抑えることができます。

自分の土地があればそこに建てられますが、多くの方は新たに土地を買って建てることになります。その場合、駐車場スペース（1台以上）を含めて、20〜40坪くらいは必要です。

間取りは2LDKか、それにサービスルームがついた2LDK+S（2SLDK）タイプです。サービスルームとは、居室としての条件を満たさないスペースのことです。

建築基準法では、採光が十分得られる部屋を「居室」としており、住宅の場合、窓の大きさが床面積の7分の1以上と決められています。したがって必要十分な大きさの窓がつくれない部屋は、居室として認められません。そのため、部屋数に入らない「サービスルーム（納戸）」と表示されます。

2LDKでもサービスルームがつくと、かなり広く感じられます。サービスルームはフリースペースとして、自由に使えるスペースです。先ほど書いたランドリースペースのほか、書斎、趣味やテレワークのための部屋、トレーニングルーム、ウォークインクローゼットなど、いろいろな使い方ができます。

シングルマイホームの標準的な設計プランは、玄関の向きなどに応じて複数パターンあります。基本的には、1階がLDK、2階がプライベートスペースになっており、2室あります。1人で住むにはゆったりした、少し贅沢な間取りです。

価格は、土地代、建築費を合わせて1200万円までご提案できるように、努力しています。なぜこの価格かといえば、シングルの人が無理なくローンを支払っていけるのが、これくらいの価格帯だと思われるからです。

土地代を合わせて1200万円で家が建つというと、多くの方は「本当にその価格でできるのか」と、不審がられます。しかし、努力次第で、それが可能なのです。逆に言えば、相当の努力とノウハウがなければ、実現しない価格です。それについては、後述します。

実際の購入価格には、これに手数料などの諸経費が加わりますから、100万円以上が上乗せされます。その費用を含めて、1400〜1500万円までに抑えたいところです。

狭いスペースでも快適な空間。「シングルマイホーム」が考えた暮らしの工夫

1

2-1

2-2

■1　シンプルで飽きのこないデザインの外観
■2-1　■2-2　テレビの位置も考えた、明るく過ごしやすい1階のLDK（リビング・ダイニング・キッチン）。おしゃれな棚も標準装備している

■3-1■3-2
2階の主寝室は、おしゃれなWIC(ウォークイングクローゼット)完備
■4
奥にパントリーを備えた広々としたキッチン。IHクッキングヒーターは使いやすく、安全性にも優れている

■5
デッドスペースができないように
考えられた階段下収納
■6
靴の収納に困らない下駄箱も
備え付け
■7
室内に洗濯物が干せるフリース
ペースがある

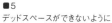

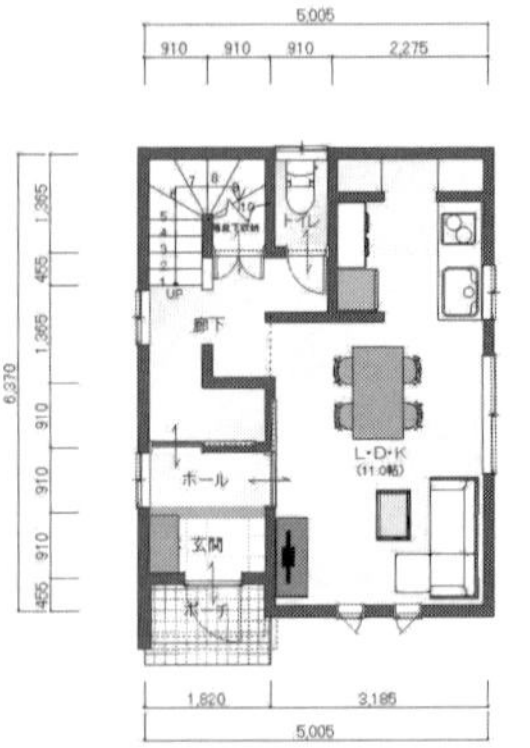
UP
廊下
トイレ
ホール
玄関
ポーチ
L・D・K
(11.0帖)

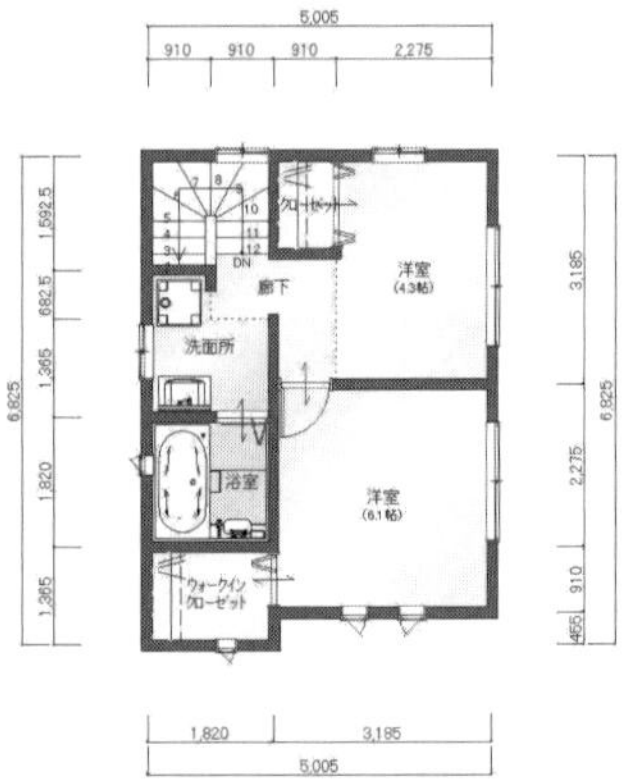
DN
クローゼット
廊下
洋室
(4.3帖)
洗面所
浴室
洋室
(6.1帖)
ウォークイン
クローゼット

棚
階段下
収納
ランドリールーム
L・D・K
(9.51帖)
トイレ
ホール
玄関
ポーチ

洋室
(3.7帖)
廊下
洗面所
洋室
(5.7帖)
浴室
収納

シングルマイホーム3つのポイント

シングルマイホームを提案するにあたって、私たちが一番腐心し、追求したのは、価格の設定でした。シングルの人が戸建住宅を持てるようにするには、どれくらいの価格帯に設定したらいいのか、いろいろなケースを想定して検討を重ねました。

その結果、はじき出したのが、土地と建物を合わせて1200万円までという価格でした。シングルの人が月々払えるローンは家賃代まで、という条件から逆算して出した金額です。

そのためには、建築費も土地代も、なるべく低く抑えなければなりません。かといって安い建築資材を使ったり、装備品のグレードを下げたりしたら、住む人の満足度を満たすことはできません。そのせめぎ合いの中で決まった価格でした。

いかに建築費と土地代を低く抑えて、良質の住宅を建てるか。それを追求する時に役立ったのが、これまでに培ってきた、低価格住宅をつくるノウハウです。

あとでご紹介しますが、私はこれまでに400棟を超える外国人の住宅づくりを手がけてきました。日本人以上に予算にシビアな外国人ユーザーの要望に応えるには、さまざまな工夫をしてコストダウンを図らなければなりません。そのノウハウを余すところなく生かしてつくったのが、シングルマイホームです。

ポイントは、3つあります。工期短縮でコストダウンを図ること、狭小地の活用で土地代を抑えること、住宅ローンをなるべく短く（18年以内）設定すること、です。

それぞれについて、具体的に説明します。

①最短工期35日で可能になった899万円の家

シングルマイホームの標準仕様の建築費は、899万円（消費税10％込み）です。延べ床面積が16・5坪だとすると、単純に計算して坪単価は54・5万円（税込み）。坪単価の出し方はメーカーによって違うので、単純な比較はできませんが、この坪数の住宅での坪単価で考えると、かなりの低価格帯になっています。

ちなみに、「フラット35利用者調査（2020年度）」のデータから、注文住宅の坪単価を同じ方法で算出すると、全国平均で93万9787円でした。規格型住宅と普通の注文住

一般に新築住宅の価格が決まる3つの要素

要素❶土地代

住宅を建てる土地購入費用。価格は、土地の広さや立地条件、周辺環境などによって大きく変わる。

また、仲介手数料や登記費用などの諸費用も必要になることを忘れずに。

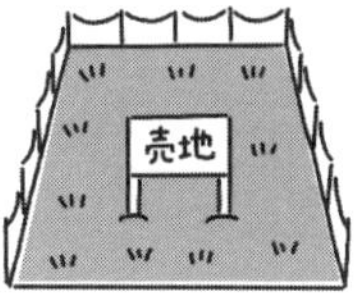

要素❷建築費

住宅本体の建築にかかる費用。住宅の規模や構造、仕様、設備などによって大きく変動する。

建築費には、本体工事費と付帯工事費の２種類がある。一般的に、本体工事費は基礎や骨組み、外装や内装などの工事費。付帯工事費は解体や地盤改良、配管や空調などの工事費になる。

ただし、本体工事と付帯工事の分け方は、請負業者の考え方が大きく反映する。良心的業者の見分け方にもつながる。

また、たとえば工期が長ければ、それだけ人件費がかかり、建築費は上がる。工期に無駄がないかどうかは、チェックポイント。

要素❸諸費用

住宅購入にともなって発生するその他の費用。設計料や各種申請費用、住宅ローンの手数料や保証料などが含まれる。

宅という違いはありますが、かなり安く抑えられていることがわかるでしょう。

この低価格が実現した一つの要因が、工期の短縮です。シングルマイホームは35日という最短工期で完成します。おそらく、一般の工務店が同じサイズの戸建住宅を建てるとしたら、早くても60日はかかるでしょう。それがこれだけ短縮できるのは、事前にわかっている作業は、着工前にすましているからです。

工事は、契約してすぐに着工できるわけではありません。契約後、建築確認申請の手続きなどがあり、確認済証が交付されないと工事に着工できません。この着工するまでの期間は、工期に含まれません。工期の起点は基礎工事の着工日で、この日から数えて35日で完成するということです。

しかし、着工するまでに時間がかかるので、その間にできることはすませておきます。たとえば、あらかじめ発注できるものは、契約した時点で発注しておきます。基礎の鉄筋やコンクリートは専門の基礎工事屋に、建材や木材の加工などはプレカット工場に発注します。

また、私のチェックが必要な図面や書類については、時間のある時にあらかじめチェックをしておきます。このチェックも、けっこう時間を取られる作業です。

見えないところで、事前にできる作業はたくさんあります。それに加えて、規格型住宅ですから、省ける工程もいろいろあります。

こうして工程のロスを減らして効率性を高めれば、工期は大幅に短縮できます。工期が短縮できるということは、それだけで人件費の節約につながります。

ただし、これは標準仕様のプランに限ります。標準仕様外のプランや、内装設備などに希望がある場合は、工期が長くなることがあります。

② 狭小の土地活用で、300万円以下の土地探し

家は土地がないと建ちませんから、自分の土地がない場合は、まず土地探しから始まります。土地探しは、コストを下げる非常に重要な要因になります。

シングルマイホームは、ファミリータイプの住宅のような広い土地は必要ありません。小さな土地、変形の土地でも十分宅地として活用できます。

意外に、こうした変形・狭小な土地は、探すとあるものです。大手ハウスメーカーや不動産屋は、そういう土地に目もくれないからです。私の近所でも、昭和時代に建てられた団地の跡地が売り出されていましたが、1戸あたり30坪と小さかったので、買い手がなか

なかつかず、いつまでも売れ残っていました。

細長い土地、台形の土地、三角形の土地、小さな土地――こういう変形・狭小な土地は利用用途が少ないので、ほとんど売れません。土地の持ち主も、最初から売れるとは思っていないので、放置したままになっています。

また、相続した家族が遠方に住んでいて、管理できない土地も狙い目です。持っているだけでも固定資産税はかかるので、売れるなら売りたいと思っている人が多いからです。

土地代は、郊外で坪10万円以下が目安ですが、こうした土地は価格交渉すると、300万円以内で手に入ります。

どんな形の土地でも、20坪から30坪くらいあれば、駐車場付きの2階建ての2LDKが建ちます。当社は自社設計しているので、土地の形に合わせて設計できます。

ただし、こういう土地の多くは埋もれていて、売り出されていませんし、ネットの検索サイトにも載っていません。そういう埋もれた土地を探し出すコツやノウハウを、私たちは熟知しています。建物は土地ありきですから、低価格で宅地に適した土地を見つけることは、総予算額を下げる大きなポイントになります。

③ 18年で完済する短期住宅ローン

若いシングルの人たちにも手が届くようにするには、毎月のローンの支払いを無理なく払える金額に設定する。これは、シングルマイホームの必須条件です。若い人が無理なく支払える金額とは、今払っている家賃と同等か、それ以下です。

シングルマイホームの価格は、いくらだったらシングルの人たちが毎月払えるか、ということを最優先して設定したものです。そこから導き出した金額が、８９９万円という建築費と、３００万円以下という土地代でした。

シングルの人がローンを組む場合、早く返済すれば、そのあとスムーズに次のステージに進めます。できれば、30代後半か40代前半までに完済する。それを想定して設定したのが、18年のローンでした。これより短いと月々の負担額が増えますし、長くなると、結婚して広い家が欲しくなった時に、ローンが重なってしまいます。

こうしたことを勘案して借り入れの総額を出すと、土地代が上限いっぱいの３００万円としても、建築費に諸経費を合わせて１５００万円以内におさまります。

これを18年で返した場合、現在の変動金利で計算すると、月６万円くらいの返済になります。

単身者の家賃は、全国平均で月5万854円（2021年／総務省統計局「家計調査」）です。都内まで1時間くらいの通勤圏なら、これよりもう少し高くなると思いますが、6万円の返済なら、それまでの家賃とそう変わらないのではないでしょうか。

その金額を無理なく返すには、返済比率（年収に占める年間返済額の割合）で計算して300万円台の年収が必要です。

ちなみに、国税庁が発表している2021年の「民間給与実態統計調査」で若い世代の年収を見ると、20～24歳は269万円、25～29歳は371万円、30～34歳は413万円、35～39歳が449万円でした。この年収があれば、30代はもちろん、20代でも買えない金額ではないと思います。

どんな狭小変形土地にも無料設計で対応できる

標準仕様のシングルマイホームをこれだけ安い価格で皆さんに提供できるのは、以上のように3つのポイントがあるからです。

ところが、土地や場所によっては、標準仕様の設計パターンを適応できないこともあります。たとえば、土地が狭すぎたり変形したりしていると、その土地の形や大きさに合わせた設計が必要になってきます。その場合は、無料で新規に設計します。

また、隣の家が迫っていて隣の家側に窓をつけられなかったり、1階の日当たりがあまりにも悪いような場合は、窓の位置を変えたり、2階にＬＤＫを持って行き、1階を寝室にするなど、臨機応変に設計プランを変えられます。もちろん、それも無料です。

土地を持っているけれど、変形で狭い土地なので活用のしようがなく、困っているという人もいます。そういう土地でも、設計料がかからずに、土地の形、大きさに合わせて家を建てることができます。

このように無料で設計したり、柔軟に設計を変更したりできるのは、当社で自社設計しているからです。ただし、設計の変更にともなって建築資材費がよけいにかかるような場合は、その分が経費として予算にプラスされることになります。その場合は、前もって予算の明細を提示します。

内装を選べる自由度はある

シングルマイホームは契約してから建設しますから、どんな住宅が完成するのか、気になるところではないでしょうか。建売住宅なら、現物が目の前にありますから、それを見れば一目でわかります。また、注文住宅でも、住宅展示場に行けば、各メーカーのモデルハウスを見ることができます。

シングルマイホームも、販売型モデルハウスを増やしていますから、契約する前に、自分の目で確かめていただきたいと思います。

システムキッチン、バス、トイレ、ドアなどの室内装備品は、1人暮らしに合った標準仕様のものを揃えていますが、これらも当社のショールームで確認することができます。

標準仕様の場合、工期や建築費が決まっているので、内装の色やデザインは基本的には私たちにお任せいただくことになります。その分、細かい打ち合わせなどの煩わしさがなく、工事もスムーズに進行します。

しかし、もっと内装にもこだわりたいという方は、玄関ドアの色、壁のクロスの模様、床のフローリングの色、内装ドアのデザイン・色、システムキッチンの色などを、カタログの中から選ぶことができます。

規格住宅とはいえ、すべてがきっちり決まっているわけではありません。部分的な変更も場合によっては可能ですし、内装もクロスや床の色などで、その人らしさを出すこともできます。その場合は、標準仕様の3つの条件から少し外れることになり、工期や建築費に若干の変更が出てくることもあります。

安全性や省エネ性も気になるでしょう。一戸建てに1人暮らしだと、万が一災害が起きた時は不安ですし、空き巣や盗難の心配もあります。

シングルマイホームは、女性の1人暮らしでも安心して暮らせるように、窓やドアの防犯性を高めてあります。また、耐震性なども建築基準法に則って、国の基準をクリアしています。

こんな人に勧めたいシングルマイホーム

シングルマイホームは、どんな方にも住んでいただける住宅ですが、とくにお勧めしたいのは、20〜40代の独身の男女です。もちろん、ここには離婚歴のあるシングルの方も含まれます。

しかし、1人暮らし用住宅、ということではありません。2LDKという間取りを見てもわかるように、大人2人が暮らせるスペースが十分にあります。キッチンは自炊しやすい広さと設備があり、収納スペースも十分確保されています。

また、ペットを飼いたい人にもお勧めします。賃貸のアパートやマンションに比べるとかなり広いので、犬や猫も自由に動き回れます。鳴き声や匂いなどにも、気を使わずにすみます。

ピアノやギターなどの楽器の演奏や音楽鑑賞、カラオケ、日曜大工など、今までなら周囲に気兼ねしてできなかった趣味もできるようになって、趣味が広がるでしょう。ただし、戸建住宅とはいえ、深夜の騒音には気をつけてください。

シングルマイホームに限らず戸建住宅を建てる場合、今は自己資金がなくてもローンを組めますし、アパートのように敷金（保証金）や礼金を事前に用意する必要もありません。ですから、貯金ゼロでも大丈夫です。

ローンを払い続けるためには、安定した収入が必要です。先ほども書きましたが、年収は安定的に300万円以上あるといいでしょう。

このように、親世代に比べたら住宅ローンのハードルはだいぶ低くなりましたが、思わぬことが盲点になってローンの審査に通らないこともあります。ですから、あとで後悔することのないように、前もって住宅ローンの正しい知識を知っておくことも大事です。

人生をより豊かにするためのマイホーム

シングルマイホームを上手に活用する住まい方を、シミュレーションしてみました。ここに紹介したのは典型的な例ですが、一人ひとりの生き方に応じて、いろいろな住まい方ができると思います。シングルマイホームは、そういう可能性のある住まいなのです。

ライフシミュレーション❶
シングルマイホームを資産として生かしたKさんのケース

●25歳でシングルマイホームを購入

Kさんは入社3年目を迎えた25歳の時、結婚を機に戸建住宅を建てた先輩の新居に、引っ越し祝いを兼ねて遊びに行きました。その時、先輩から聞いたのが、独身用の戸建住宅、シングルマイホームでした。結婚する予定がまったくなかったKさんですから、戸建住宅を買うなど、考えたこともありませんでした。

ところが、先輩の話を聞いて気持ちが動き、シングルマイホームのホームページを覗いてみました。すると自己資金ゼロでも購入でき、ローンの返済は月々6万円程度ですむことがわかりました。今住んでいるアパートは、駅に近いとはいえ、1LDKで家賃6万5000円ですから、アパートより安く、しかも2LDKと広い。

知れば知るほどいい話なので、Kさんは思い切ってシングルマイホームを購入すること

にしました。以前から毎月のアパートの家賃がもったいないとは思っていましたが、先輩の新居の戸建住宅を見たことも、背中を押しました。

シングルマイホームに住んでみると、その住み心地のよさに大満足。これまでのアパートと違って、隣の部屋の物音や、上の階の足音に煩わされることなく、Kさん自身も部屋で好きなことができます。嬉しいのは、玄関脇に駐車場があって、車とバイクを置けること。今はバイクに夢中ですが、バイクに飽きたら車を買おうと、夢が膨らみました。

●33歳で結婚、2人の子どもを授かる

「シングルライフも悪くない」と思っていた

Kさんですが、30歳になって、結婚を考えるようになりました。付き合って3年になる彼女がいて、もうそろそろ、と思っていたからです。それでも結婚まで3年かかり、結婚したのは33歳の時。シングルマイホームで、新婚生活が始まりました。

看護師の奥さんとは共働きでしたが、シングルマイホームは2人にちょうどよいサイズの住居でした。

35歳の時に第1子が誕生し、奥さんは子育てで一時休職しました。その後、38歳で第2子が誕生。いよいよ、子育てが忙しくなってきました。

そろそろ家が狭くなってきたなと思いましたが、まだ子どもが小さいので、4人家族でもアパートよりずっと快適でした。何より、子どもが泣いたり、騒いだり、飛び回ったりしても、まわりに気を使う必要はなく、子どもも伸び伸びと育っています。戸建住宅のよさを実感する毎日でした。

●43歳でローン完済。戸建て4LDKに住み替える

上の子どもが小学生になり、子ども部屋が必要だなと思っていた頃、近くに4LDKの新築住宅を見つけました。十分な間取りがあり、庭もついています。これなら、庭でバーベキューを楽しめそうだし、奥さんがかねてからしたいと言っていたガーデニングもできそうです。シングルマイホームのローンが終わる43歳の時、思い切って住み替えることにしました。

Kさんは新たに3000万円のローンを組むことになったので、シングルマイホームを賃貸に出すことにしました。すると、すぐに入居者が決まりました。築18年たっていますが、部屋があまり汚れていなかったことと、機能的な間取りと広さが若い人に気に入られたようです。

家賃は思った以上によくて、なんと、月に5万円。毎月これだけの家賃収入があれば、ローンの返済も楽です。新しい住宅ローンの返済は月に8万円で、35年返済ですから、78歳まで続きます。しかし家賃収入の5万円を補填すると、実質的なローンの支払いは、毎月3万円。6畳1間のアパートの家賃より、安い金額です。

●65歳で2つ目のローン完済予定

その後Kさんは、住宅ローンの支払いが減った分から、毎月4万円ずつ積立貯金をしています。それを貯めて繰り上げ返済に回せば、ローンの期間短縮につながります。子どもたちが大学を卒業すれば学費もかからなくなるので、積立貯金の額を増やして繰り上げ返済にもっと回せます。このまま順調にいけば、65歳までにローンを完済できそうです。

Kさん夫婦は、資産を2つも残すことができ、老後は安泰です。Kさんの生活を振り返ると、ローンの返済に追われるようなことはなく、むしろ、ゆとりある生活を楽しんでいました。シングルマイホームという最初の選択が、Kさんのその後の人生を決めたと言っても過言ではありません。

ライフシミュレーション❷

離婚してもペットは飼いたい。シングルマザーFさんのケース

●32歳で離婚

離婚が正式に決まってすぐ、Fさんは5歳の娘さんと愛犬を連れて、家を出ました。実家に身を寄せながら仕事と子育てを続けていましたが、いつまでも両親に甘えているわけにはいきません。娘さんが小学校に入学するのを機に、自立しようと、アパートを探しました。

ところが、ペットを飼える賃貸アパートは、ほとんどありません。ペットは、娘さんが生まれる前から飼っていた犬で、家族も同然です。娘さんも、きょうだいのように可愛がっていました。

何件もアパートを探し歩き、やっとペットが飼えるところが見つかっても、家賃が10万円くらいします。Fさんの収入ではとても払えません。かといって、ペットを手放すことは考えられず、実家の両親にもペットの世話まで頼むことはできませんでした。

そんな時、たまたま目に入ったのが、シングルマイホームのチラシでした。

「戸建住宅なら、ペットが飼える！」と一瞬期待しましたが、すぐに我に返って諦めました。それほど収入の多くないシングルマザーが、一戸建てを買えるわけがないと思ったのです。

しかし、ダメでもともと思い、ホームページから問い合わせてみました。

●34歳でシングルマイホームを購入

Fさんの収入などから、ローンの返済金額を試算すると、18年ローンで5万8000円ほどになりました。返済期間を延ばせば、月々の支払いはもう少し楽になりそうです。しかし、Fさんは「なるべく早く返し終えたい。5万8000円なら大丈夫そうだ」と思い、18年ローンを組みました。

こうしてFさんは、34歳でシングルマイホームを購入。2人と1匹の同居生活が始まりました。この展開に一番驚いていたのは、じつは当のFさんでした。まさか自分が家を買えるとは、思ってもいなかったのです。

家を買ったことで、Fさんの気持ちは前向きになり、仕事にもやる気が出てきました。毎月のローンの返済は大変ですが、家賃と違って、ローンなら家という形で残ります。ローンを払うたびに、「このお金で家を買っている」と思うと、惜しいどころか、張り合いを感じる毎日でした。

働きながら子どもを育てていると苦労もたくさんありますが、疲れて帰ったFさんを笑顔いっぱいで出迎えてくれる娘の顔を見ると、疲れも取れました。リビングで娘や愛犬とくつろぐ時間は、Fさんにとって心休まる、かけがえのない時間でした。

アパートではこういう生活は送れなかっただろうと、Fさんは思います。

また、実家からそう遠くないところに家を建てられたのも、幸運でした。おかげでFさんの仕事が大変な時は、両親の助けを借りることができたのです。

● 47歳で娘さんが自立

月日は流れるように過ぎ、シングルマイホームに入居した時、小学1年生だった娘さんも高校を卒業しました。大学に進学するという選択もありましたが、1人で苦労して育ててくれた母親の負担を少しでも軽くしたいと、娘さんは、自宅から通える専門学校に入学しました。

2年後には専門学校を卒業し、都内に就職が決まりました。それを機に、娘さんは家を出て自活することになりました。Fさんが47歳の時です。娘さんの成長と自立は嬉しいことですが、1人になったFさんの胸には一抹の寂しさがありました。

家族同然だった愛犬は、少し前に老衰で死にましたが、そのあと子犬をもらって飼っています。今はFさんと2代目の愛犬が、シングルマイホームの住人です。

● 52歳で返済完了

1人暮らしになり、最初は寂しい思いをしていたFさんですが、1人暮らしに慣れてくると、しだいに外に目が向くようになりました。それまでは仕事と家のことで手一杯でし

たが、仕事仲間と外食したり、友人を家に呼んで食事をしたりすることも多くなり、プライベートも充実するようになりました。

週末には娘さんも帰ってくるので、今ではそれも楽しみです。娘さんにも、帰る実家ができました。これから娘さんも結婚し、子どももも生まれるでしょうが、実家があれば、家族みんなで気軽に遊びに来られます。

Fさんには、1人になって広すぎるシングルマイホームですが、ペットがその寂しさを埋めてくれています。5年後の52歳になれば、ローンの支払いも終わり、お給料は全部、収入になります。これからは貯金もしながら、もう少し自分のためにお金を使おうと思っています。

この安定した生活は、シングルマイホームがあるからできるのだと、Fさんはしみじみ幸福を感じています。

2つのシミュレーションライフを紹介しましたが、2人に共通するのは、一歩足を踏み出して、「戸建住宅を買う」選択をしたことです。「シングルは賃貸」「シングルが戸建住宅に住めるわけがない」といった常識——それは自分の中の思い込みに過ぎないのですが——を打ち破ると、じつは思いがけない世界が開けてくるのです。

アパートの家賃よりも安いローンで、アパートよりも広くて贅沢な部屋に住み、アパートよりも心地よい。シングルマイホームは、ただの2LDKの〝ハウス〟ではなく、幸せをもたらしてくれる、かけがえのない〝ホーム〟なのです。

それは、シングルのための新しいライフスタイルの提案でもあります。

CHAPTER 4

品質を保ちながら低価格を実現したシングルマイホーム

大切な資金を大事に使う——私が考える家づくりの基本

「ローコスト」というと、日本では昔から「安かろう、悪かろう」というイメージがあります。また、「安物買いの銭失い」という言葉もありますね。残念なことに、安いものは品質が悪いという固定観念が、日本には根強くあるようです。

しかし、「安いから、悪い」わけではありません。安くて悪いものもあれば、安いけれど、品質のよいものもあります。私たちがつくっているシングルマイホームは、価格をできるだけ低く抑えていますが、単に価格の安さを売り物にしているのではありません。コストをしっかり見直して、無駄な経費を省いてつくった住宅です。

ローコストの本来の意味は、コスト（費用、経費）を抑えて、安くつくること。そうやってつくった住宅は、むしろ、コストパフォーマンスのよい、満足度の高い家になります。

最近は住宅市場にもローコスト住宅が増えてきて、私も、「ローコスト住宅とは何か」と考えることが多くなりました。ローコスト住宅に定義はありませんが、一般的には次のようなものだと、私は捉えています。

①土地購入費も含めて、全額を住宅ローンの借り入れでまかなえる。
②毎月のローン支払額が、今住んでいる部屋の家賃より安く抑えられる。
③ローンの審査に通らない人は別として、誰でも買えるリーズナブルな家。

シングルマイホームも、当然こうした条件を備えていますが、私たちがシングルマイホームをつくった目的はまったく違うところにあります。そもそもの出発点は、これまで説明してきたように、独身の人が家を持ちやすいような価格帯の住宅を提供したいということでした。くり返しになりますが、毎月支払う家賃と同程度の返済なら、若いシングルの人でも買いやすいでしょう。

なぜ私たちがシングルマイホームを低価格で提供しているのかといえば、独身の時こそマイホームを持って、ゆとりのある、その人らしい生活を送ってほしいからです。さらに言えば、建てていただいたそのあとの人生も、豊かであってほしい。そのためには、お客さまの大切な住宅資金を無駄に使うわけにはいきません。最大限活用し、1円たりとも無駄にすることなく、大事に使って、いい家を建てたい。これが、シングルマイホームを建てる私たちの気持ちです。

ですから、私たちもできるだけ無駄な経費を使わない、節約経営を心がけています。

資材が高騰する中、なぜコストダウンが可能なのか

建築費が高くなっていることは、最初にお話ししたとおりです。実際にホームセンターに行くと、建材や建具やいろいろな建築資材が値上がりしていることがわかると思います。

この資材の値上がりに便乗して、坪単価をかなり値上げしている業者もいますが、しかし実質、そこまで資材が値上がりしているわけではありません。私たち建築業者のやり方次第で、ある程度建築費の値上げは抑えられます。業界は、その努力をもう少しするべきではないかと、私は思っています。

コストダウンをもたらす最大の要因は、自社の利益を削ることです。一般に、大量仕入れが一番の経費節減だと思われていますが、そうとは限りません。今の時代は、大量仕入

れをしても、思ったほどコストは下がらないのです。それよりも経費がかからないようにするほうが、コストダウンの効果が大きいのです。

シングルマイホームを規格型住宅にしたのも、そのためです。あらかじめ基本設計プランをつくっておき、その中からお客さまに選んでいただくシステムなら、経費を大幅に節約できます。

たとえば、基本的な設計プランが最初からあれば、建築の知識があまりない人でも、営業ができます。図面がすでにあり、標準仕様の設備も値段も決まっていますから、その内容がしっかり頭に入っていれば、誰でもお客さまに説明できます。新入社員でもパートでもできるということが、コストダウンにつながります。

建築士の資格を持っているような、住宅専門の営業社員でなければ売れないとなると、そういう人を確保するだけでも人件費がかかります。当社にも建築士の資格を持つ社員がいますが、そういう社員が出向かなくても、営業が成り立つのです。

また、仕入れる材料や設備も、基本設計プランなら同じメーカーの同じシリーズの製品を使うので、メーカーから最安値で仕入れることができます。

大手ハウスメーカーの住宅がなぜ高いのかといえば、もちろん、高価な材料や設備を使っていることもありますが、それだけではありません。その住宅の建築に直接関わらない、間接的な経費がたくさん使われているからです。

わかりやすいのが、テレビや新聞などに載せる宣伝広告費です。とくにテレビCMには、莫大な制作費がかかっています。また、全国の住宅展示場にあるモデルハウスの建築、運営にも、高額な資金が投入されています。しかも、モデルハウスを展示してある間は、人件費も含めて、その運営に関わる経費が継続して発生します。

しかし、そういうことに使われる経費は、あなたが建てる住宅とは、何ら関係のない費用です。でき上がった住宅に反映されない経費はけっこう多く、それが住宅の価格をつり上げているのです。

適正価格を実現するために、私たちがしていること

私たちはこうした間接的な経費をできるだけなくし、コストを徹底的に削る努力をしています。派手な宣伝はしない、高額なパンフレットはつくらない、事務所は駅前の一等地

を避ける、少数精鋭のスタッフで運営する、打ち合わせなどに無駄な時間をかけない——。こうして、スリムな経営を心がけています。

基本的に、できる仕事は社内で行い、できない仕事は外部に発注しますが、その際、直接発注しています。

たとえば、基本設計プランは、外部の設計事務所に依頼すると外注費が発生しますが、社内の設計スタッフが図面を引けば、外注費はかかりません。打ち合わせにかかる時間と労力のコストも省けます。

社内に設計部門があり、建築士や技術者がいることは、コストダウンの大きな要因になります。自社の設計部なら、土地の広さや形に合わせて自在に設計パターンをつくれますし、細かな設計変更にも随時対応できます。これを外部に発注していたら、かなりコストがかかるでしょう。

工事については、工務店などに一括外注するのではなく、当社が直接施工しています。したがって余分な外注費が発生せず、コストダウンできます。また、設計監理も当社で行うので、工事管理が行き届き、外部に頼む設計監理費も発生しません。

私たちは、派手な広告を出す余裕はありませんし、事務所も駅から少し離れています。

しかしありがたいことに、家を建てたお客さまが口コミで次のお客さまを紹介してくれます。口コミほど信頼度が高く、効果のある宣伝はありません。おかげで年間30棟以上の建築実績を上げて、外注費や資材の仕入れコストを抑えられています。

このように、さまざまなところで間接経費を節減し、その分を、住宅を建てるのに必要な直接経費に回しています。ですから、若い独身の方でも手の届く価格の、コストパフォーマンスの高い家ができるのです。私たちはこういう家が、適正価格の住宅だと考えています。

間接経費をかけている会社にはコストダウンできる要素がありませんから、私たちが建てているシングルマイホームのような家はつくれないでしょう。これは、当然のことだと思います。

お客さまに寄り添って考えた価格設定

家1棟の粗利（利益）は、大手ハウスメーカーなら約50％、中小のメーカーでは約20～

30%というように、会社ごとにだいたい決まっています。その利益目標によって住宅の価格も決まりますから、高くなるのは当然の結果といえます。

私たちがしている価格設定は、それとは真逆の発想です。この家をつくったからいくら儲かるか、ではなく、この家に住む人が、ゆとりある暮らしをしながら、毎月いくらぐらいのローンを払えるのか考えて、住宅価格を設定しています。シングルマイホームの899万円も、土地や諸費用も含め、18年ローンで月6~7万円という返済金額から逆算した数字です。

そこから始まるのが、コストダウンのための努力です。899万円にするには、どこをどう削っていくか。それを考えて低価格実現のために努力していくのは、私たち会社側の責任です。それはシビアな闘いで、ほかの工務店やハウスメーカーには真似できないことです。そこから、規格型住宅や工期短縮というコストダウンの手法が生まれました。

こうした私たちのやり方を支えているのは、「お客さまの大切な住宅資金だから、大事に使いたい」という、社員一人ひとりの気持ちです。そういう強い思いがあったから、シングルマイホームが誕生したのです。

こんな会社にシングルマイホームはつくれない

私は40年以上にわたって地元に根を下ろし、地域の皆さんに買いやすい価格で住宅を提供し、喜んでいただいてきました。その実績があるから言えるのですが、価格を抑えながら住む人に満足していただけるような住宅を実現するのは、生やさしいことではありません。無駄を省き、会社の利益を低く抑え、企業努力を重ねた先に、ようやくリーズナブルな価格で住宅を提供できるようになるのです。

お客さまの中には、「ローコスト」と聞くと、安いと思って飛びつく方もいますが、ローコストをうたいながら、じつはそれほどローコストではなかったという事例も多々あります。私はこれまで、そういう事例をいくつも見ており、そういう業者はすぐにわかります。しかし一般のユーザーの方がそれを見抜くのは容易ではないと思いますので、参考までに気をつけたい業者の見分け方を教えましょう。

①宣伝広告が派手な会社
②事務所やモデルハウスが駅前の一等地にある会社
③工事一式を（丸投げで）外注している会社
④技術者、設計者が自社の正社員ではなく、他社に外注している会社
⑤年間完成棟数が少ない割に、社員が多い会社（とくに営業社員）
⑥コスト意識が低く、すぐにオプションを勧める会社
⑦工程表を作成できず、工事管理が場当たり的な会社
⑧低価格住宅の基本設計を守れない会社

一般的に低価格帯の住宅は、住宅会社にとっても、1棟あたり、それほど大きな利益を見込める仕事ではありません。ですから、徹底した間接経費の削減、建築費の効率化などの企業努力が必要ですが、右に書いたような経営をしていたら、低価格どころではないでしょう。

シングルマイホームは、価格は抑えてありますが、値ごろ感は十分感じていただけると思います。低価格をうたっている業者は多いですが、価格を抑えながら、これだけ納得感

のある住宅を提供できる業者は、ほとんどないと自負しています。

法で守られた住宅性能だから、安心

ローコストで建てた家となると、安全性や快適性、耐久性なども気になるところでしょう。安くても、防犯性や耐震性に不安があったり、湿気や雨漏りに悩まされたり、夏暑くて冬寒いような家なら、せっかく家を建てた甲斐がありません。

これから長く住む家ですから、安全性、耐久性、快適性は非常に大事です。価格を低く抑えてあるから寿命が短いとか、品質が劣るなんてことは、あってはならないことです。

しかし、安心してください。私たちが建てているシングルマイホームは、住み心地や暮らしやすさを最優先に設計してあります。また、安全性や耐久性も、法で幾重にも守られています。

日本ではどんな建築物も、建築基準法に則って建てられます。ここには、建築物の敷地から用途、構造、設備に至るまで、こと細かく基準が示されています。そして、必要に応じて、逐次、改正されています。

たとえば耐震基準は、1950年の建築基準法の施行にともなって制定されましたが、これまでに大きく2回、改正されました。1981年（昭和56年）に大幅に改正され、81年以前を「旧耐震基準」、以降を「新耐震基準」と呼んでいます。旧耐震は中規模地震（震度5強程度）では倒壊しないという基準でしたが、新耐震では大地震（震度6強〜7程度）でも倒壊しない基準に厳格化されました。

さらに2000年（平成12年）6月に新耐震基準が再改正され、木造住宅の耐震性が向上しました。これを、「2000年基準」と呼んでいます。2000年6月以降は、この新基準で家が建てられています。こうした大きな改正以外に、小さな改正はいくつも行われてきました。

最近は、住宅の断熱性能も見直されています。家の断熱性能は、寒さ、暑さを防ぐだけでなく、省エネ性能に深く関わっています。断熱性能が高ければ熱や冷気が外に逃げにくく、冷暖房にかかるエネルギー消費量を抑えることができるのです。

断熱性能は、現在、1等級から7等級まであります。2022年の3月までは1等級から4等級までしかなかったのですが、2022年度中に、一気に3等級も増えました。それだけ省エネが重視されてきたということでしょう。

しかし2025年には、さらに基準が厳しくなります。建築物省エネ法が改正され、新築される建物にはすべて、断熱等級4以上が義務づけられるのです。現在は、一番低い1等級でも家を建てられますが、2025年以降は、3等級以下は建築確認申請の許可が下りなくなります。2022年の3月まで最高レベルだった4等級が、最低の基準になるのです。

断熱性能等級は、UA値（外皮平均熱貫流率）で決められます。これは、室内と外気の熱の出入りしやすさを表すもので、小さいほど断熱性が高くなります。ちなみに、4等級のUA値は0.87以下です。

このように、建築基準法も時代の要請に合わせて変化しており、基準は年々厳しくなっています。この建築基準法をクリアしなければ、住宅は建てられません。シングルマイホームも、当然、それに合わせて設計することになります。

われわれ住宅建築会社には、住宅引渡し後10年間、瑕疵担保責任を負う「10年保証制度」があります。これは、住宅の構造上耐力の主要な部分と、雨水の浸入を防止する部分の欠陥（瑕疵）が見つかった場合、売主（住宅建築会社など）が倒産しても、10年間は、買主や注文主が保護される制度です。

この制度では、国土交通省の指導にしたがって地盤調査もしっかり行いますから、その点も安心です。

この10年保証の保険料は、われわれ建築業者が負担することになっています。

阪神・淡路大震災の教訓を生かした耐震住宅

このように法に守られているとはいえ、地震の多い日本ですから、私は耐震性にはとくに力を入れてきました。きっかけになったのは、1995年（平成7年）に起きた阪神・淡路大震災です。テレビに映し出された神戸の街は、目を覆いたくなるほどの惨状で、木造住宅は壊滅状態でした。当時テレビ番組で「日本の木造在来工法は地震に弱い」と報じられ、お客さまからキャンセルの電話が相次ぎました。

私はずっと、木造在来工法は世界に誇れる優秀な工法だと信じていましたから、「いったいなぜ⁉」と、強い衝撃を受けました。現地に行って自分の目で確かめたい思いを抑えられず、1ヵ月後、大阪のホテルの予約が取れてすぐに被災地に向かいました。

被害の状況を調べると、木造住宅でも被害ゼロの家がある一方で、地元では「お屋敷」と呼ばれるような洋館がペチャンコにつぶれています。

全壊した家は参考になりませんが、3〜4割残っている家をつぶさに調べると、「筋かい」という斜め材に四方から力がかかって、筋かいが効かなくなっていました。筋かいは土台の仕口近くに留めてあるのですが、そこが飛び出して、壁を壊してしまうのです。これを、専門的には「横座屈」といいますが、横座屈を防ぐには、筋かいの留める力が非常に重要なことに気づきました。

また、阪神・淡路大震災は直下型だったので、家が1回、上にバーンと1mほど持ち上がって、落ちています。その落ちた時に、基礎と上の木造部分がずれてしまっており、それが被害を大きくしたこともわかりました。基礎と上ものを連結する部分がすごく重要だったのです。

こうしたことを教訓にして、在来工法の住宅の耐震性を高めました。横座屈に対しては、その後、筋かいを留める金物がいろいろ出てきましたので、金物を補強して仕口が飛び出さないようにしました。

基礎と上ものの連結部は、当時はアンカーボルトで留めていましたが、アンカーボルトを2本ずつ入れた「ダブルアンカー」にして、強化しました。

これなら、阪神・淡路大震災クラスの地震が起きても、倒壊はしません。

在来工法はまだまだ大丈夫だという確信が持てたので、いろいろなところで説明会を開きました。すると、離れていたお客さまがまた戻ってきてくれて、引き続き住宅を建てることができたのです。

そのあと、当時の建設省（現国土交通省）が耐震基準を見直し、私が補強したのと同じところを指摘していました。そのことも、木造住宅への自信を取り戻す一因になりました。

私のところで手がけている住宅の耐震性が高いのは、こうした経験に基づいて耐震性を強化しているからですが、今はさらに改善して、外周面に筋かいではなく耐力面材という合板を張っています。筋かいでもいいのですが、筋かいは乾燥すると緩みが出てきます。しかし耐力面材なら、全体的に揺れを抑えられるので、部分的な被害が少なくなります。また、多少揺れても遊びがあるので、それがクッションとなって基礎にかかる負荷が小さくなります。ですから、シングルマイホームの耐震性については、自信を持っています。

その住宅の価格は適正なのか

さて、ここからは皆さんに、少し嫌な話をしなくてはなりません。近年、ローコストをうたいながら、じつはローコストではなかった、むしろ思った以上に費用がかかってしまったという、ユーザーをあざむくような手口が横行しています。その手口に引っかからないようにするにはどうしたらよいか、ということをお伝えしなければならないのです。

当社の近所でも、「780万円で新築住宅が建つ」という、超ローコストを売り物にした広告を、何年か前から目にするようになりました。それを見た人は、「本当に780万円で家が建つのだろうか」と、疑問に思うのではないでしょうか。

しかし家が欲しい人は、不審に思いながらも、心のどこかで、「もしその金額で本当に家が建つのなら……」と、淡い期待を抱くかもしれません。そしてその期待が大きくなった時、広告に踊らされてしまうことがあるのです。

広告どおり、本当にその値段で家が建つのなら、何も問題はありません。しかし、住宅建築のプロからみると、今の時代、780万円で2LDKの戸建住宅を建てるのは難しい。ましてや建築資材が高騰しているのに、何年も前から据え置いたままの価格で同じ2LDKの家を建てるのは不可能に近いでしょう。

経費を抑え、最大限に企業努力して建てたシングルマイホームでさえ、899万円はかかるのです。「780万円で家が建つ」という広告に、裏があるのではないかと思うのは、私だけではないと思います。

一般的にいえば、家は一生に一度の大きな買い物です。シングルマイホームのユーザーさんの場合、2回建てるケースもありますが、通常は、そう何度も家を建てる機会はありません。

その、一生に一度といわれる買い物で、もしも広告の甘い言葉に乗ってしまい、想定外の出費を強いられてしまったら……。自分が支払える以上の住宅ローンを抱えてしまい、ローンの支払いに追われるような生活になってしまったら……。それまでの生活が成り立たなくなるだけでなく、場合によっては、せっかく手に入れたマイホームを手放す事態にもなりかねません。

超ローコスト住宅を買ったばかりに、不幸を呼び寄せてしまった。もしもそういうことがあったとしたら、住宅業界全体への信頼が揺らぎかねず、住宅建築に携わる一業者として、見過ごすことはできません。被害者の方はもちろんのこと、現場で汗を流して働いている職人さんたちにも、申し訳が立たないことです。

そうならないように、これから申し上げる私の話に、ぜひ耳を傾けていただきたいと思います。

「ローコスト商法」という落とし穴

780万円で買える住宅とは、どんな家でしょうか。広告には、図面も写真も載っていないので、どんな家かわかりません。実際の家を見てみたいと思い、業者をたずねると、モデルハウスを見せてくれました。2LDKの小さな家で、広さはアパート程度。確かに玄関も風呂もリビングもある2階建てで、住宅の形はしています。しかし、家族で住むには狭すぎます。比較的広い土地のあるこの辺り（茨城県）の人なら、まず買わないでしょう。

ほかにも、580万円で買える1LDKの住宅がありました。

長年住宅建築に携わってきた私なら、その住宅の品質や性能が一目でわかります。しかし、初めて住宅販売会社を訪れる「家づくり初心者」の方には、そんなことはわからないでしょうし、その価格が住宅に見合った適正なものかどうかも判断できないでしょう。

しかしこの会社は、広告につられて客が足を運んでくれればいいのです。そこから、営業が始まるからです。

皆さんは、住宅の価格がどのように決まるか、ご存知でしょうか。じつは住宅の価格には、巧妙なカラクリがあるのです。

通常、広告などで提示されている住宅の価格は、「住宅本体価格」と呼ばれるものです。これは、建物本体の建築にかかる費用です。しかし住宅建築にかかる費用は、それだけではありません。「住宅本体価格」のほかに、「付帯工事価格」があります。付帯工事価格は、その名のとおり、住宅建築費以外の、付帯工事にかかる費用です。ですから、住宅本体価格だけでは、住宅の建築費にはならないのです。

では、この2つはどう違うのでしょうか。基本的には、建物の建築に必要な工事は本体工事費、建てる場所の条件によって異なる費用が付帯工事費とされています。しかしその線引きに規定はなく、何を付帯工事費に入れるかは、会社によって異なります。

当社では、本体工事の中に、足場工事、仮設工事、基礎工事、本体の木工工事に必要な作業費、材料費、外注費、加工費、現場管理費など、住宅本体の建築に必要な費用がすべて含まれています。

たとえば足場の工事。家を建てる時、足場は当然必要ですから、建物の外部や内部に足場を設置し、工事が終わって必要なくなれば解体します。

また、電気や水道がなければ工事はできませんから、工事用の仮設電気や仮設水道が必要ですし、工事をする人のために仮設トイレも用意しなければなりません。こうした足場工事、仮設工事は本体工事に入ります。

それ以外にも、現場で出る廃材やゴミの片付け費用や、現場管理費も必要です。工事をすれば必ず廃材が出ますし、基礎工事や資材を手配する現場管理がなければ、家は建ちません。

このように、どこの現場でも共通に必要な工事費はすべて、本体工事の価格に含めます。

それに対して付帯工事費に入るのは、たとえば下水道がない敷地で、浄化槽工事が必要な場合などです。これは、上下水道が完備されていれば必要ない工事なので、付帯工事に

別途費用になる「付帯工事価格」は要注意!

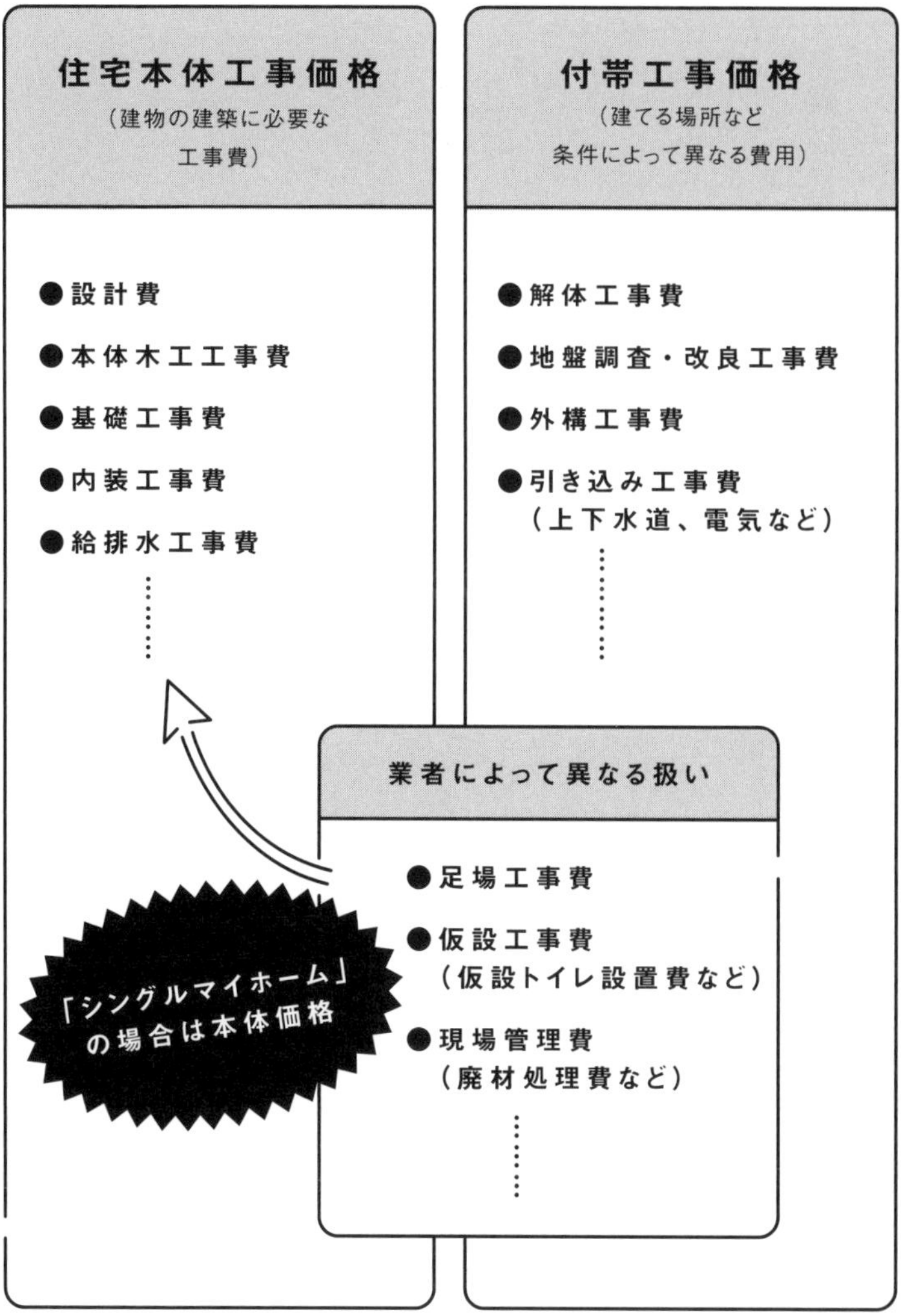
住宅本体工事価格
（建物の建築に必要な
工事費）
●設計費
●本体木工工事費
●基礎工事費
●内装工事費
●給排水工事費
付帯工事価格
（建てる場所など
条件によって異なる費用）
●解体工事費
●地盤調査・改良工事費
●外構工事費
●引き込み工事費
（上下水道、電気など）
業者によって異なる扱い
●足場工事費
●仮設工事費
（仮設トイレ設置費など）
●現場管理費
（廃材処理費など）
「シングルマイホーム」
の場合は本体価格

なります。

ただし、先ほど書いたように、何を付帯工事費に入れるかは会社によって違うので、同じ作業なのに、A社では本体工事費に入っているのに、B社では付帯工事費に入っているということは、よくあります。

私たちが本体工事費に入れている足場工事費や仮設工事費、現場管理費は、完成した住宅には形として残りません。そうした費用を、付帯工事費に計上する業者が多いのです。

それらの費用を積み上げると、300万円、400万円というけっこうな金額になりますが、本体工事費はその分安くなります。その結果、「本体価格780万円」という金額が提示されることになるのです。けれどもそこには、本体工事に必要な一部の建築費は入っていません。そして最終的には、付帯工事費として見積書に計上されてきます。

それを見て、お客さまはびっくりしてしまうでしょう。780万円のはずの家が、1000万円以上になっているのですから。このカラクリがわからないと、広告で提示された価格に惹かれて、高いものを買わされることになってしまいます。

本体工事費と付帯工事費の境界は曖昧で、どこで線引きするかは業者によって違います。

私たちのように本体工事にかかるすべての費用を本体工事費に入れている会社もあります

が、本体価格を安く見せかけるために、付帯工事費をどんどん膨らませている会社もあります。そして、そういう会社が増えているのです。私はそこに、危機感を持っています。住宅を購入する人にとって、大事なことは予算の総額です。建物の本体価格ではありません。その価格のカラクリに、だまされないようにしてください。

家づくりで気をつけたい3つの錯覚

一方でユーザーの方も、思った以上に高い建築費になっても、その住宅を買ってしまうことがあります。それは、次に書く3つの錯覚が起きるからです。

超ローコスト住宅の広告に惹かれて、その住宅会社に問い合わせたり、モデルハウスを見に行こうと思ったりするのは、「780万円なら、私でも家が買えるかもしれない」という、希望的な観測があるからでしょう。

家が欲しいという気持ちが強いと、最初は半信半疑だった持ち家への夢が、「もしかしたらその値段で自分の家が持てるかもしれない」という現実的な夢に変わっていくことがあります。その夢が膨らむと、モデルハウスを見に行こうという現実的なアクションにつながっていきます。この、最初のアクションを起こす動機が、初期動機です。

ところが、実際にモデルハウスを見てみると、家族4人で住むには小さすぎる。ちょっと違うかなと思いながらも、「あと1部屋あればなぁ」と思うかもしれません。その時に業者から、「あと200万円あれば、3LDKの家が建ちますよ」と言われたら、どうでしょうか。

モデルハウスまで足を運ぶ間に、「自分の家を建てたい、マイホームが欲しい」という気持ちがどんどん大きくなっていたら、「980万円なら、なんとかなるかもしれない」と思っても、不思議ではありません。

この時点で、あなたはもう「780万円なら自分でも買えるかもしれない」という最初の動機を忘れてしまっています。安いから買いたいと思ったのに、もっと広い間取りを提示されたり、高価な設備を見せられたりして、いつの間にかもっと広い家、いい家が欲しくなっているのです。

これが1つ目の錯覚、「初期動機を忘れる」ことです。

2つ目の錯覚は、「金額のマヒ」です。

今まで手取りで月20万とか25万円で暮らしていた人が、「付帯工事費300万円」「諸経費150万円」「土地代400万円」というように、100万円単位でどんどん見積もりが出てきます。普段の生活では、100万円単位どころか、10万円単位の買い物もめったにありません。

慣れない金額を耳にしているうちにどんどん金銭感覚がマヒして、最後に、「こちらのキッチンにするとプラス30万円です」と言われても、なんとも思わず受け入れてしまいます。これが、金額マヒです。そのことにハッと気づいたお客さまが、当社に来られてこう話していました。

「100万円単位の話だから、なんだかピンとこなくて、気持ちもどんどん大きくなっちゃったよ」。こわい話です。

そして3つ目が、「住宅ローンのマヒ」です。

たいていの人は、住宅ローンは一生に一回しか組みません。返済も何十年と長いので、「ギリギリ借りられるだけ借りたほうが得ですよ」と、営業の人に吹き込まれます。100万円借入額を増やしても、月々の返済は約3000円増えるだけ。そう言われると、「それくらいならたいしたことない、借りたほうが得だ」と思ってしまいます。初期動機

の「安いから買いたい」と思っていたことをすっかり忘れ、金銭感覚もすでにマヒしてしまっています。住宅ローンの金額に対しても、同じようにマヒが起きているのです。

そして気がついたら、本体価格は1080万円、それに付帯工事費300万円がついて、1380万円もの家になっていたりします。そういうことがあるのです。

初めから、その値段がわかっていて購入するのなら、いいのです。本人が了解しているのですから。しかし780万円の住宅を買うつもりだったのに、1380万円になっていたとなると、騙されたようなものです。これでは、とても超ローコスト住宅とは言えません。実際の購入費は、これに土地購入費と諸費用が加わります。

この、予算を超えた返済のツケは、家を買ってからずっと続きます。未来のある若い人に、身の丈を超えた借金は背負って欲しくないと思います。

一部の超ローコスト住宅は、一般ユーザーの金銭感覚マヒを利用したローコスト商法になってしまっています。だからこそ私たちは、若い人でも払い続けられる価格、つまり適正な価格にこだわって、シングルマイホームを提供しているのです。

海外移住者から学んだ家づくりの仕組み

私はこれまで、1200棟以上の木造戸建住宅を建築してきました。木造住宅にこだわっているのは、親子代々大工の家に生まれ、「親父の腕は日本一」だと、子どもの頃から信じていたからです。当時から、木造在来工法は、世界に誇れる優れた工法だと思っていました。ですから、家業を継ぐことに一片の迷いもありませんでした。

住宅の価格を意識するようになったのは、十数年前からです。私の住んでいる地域は日系外国人が多いのですが、外国人のお客さまの第1号は、日系フィリピン人の英会話学校の先生でした。

彼は中古住宅を買いたかったのですが、なかなか住宅ローンの審査が通らない。そんな時、私の会社のポスティング広告を見て、訪ねてきました。私はちょうど、「フラット35」という、住宅金融支援機構が行っている住宅ローンの紹介を受けたばかりだったので、その担当者に連絡し、書類を取り寄せて、彼の融資の申請をしました。

もちろん、すぐには通りませんでした。4、5回出し直してやっと通りましたが、外国人でも永住権さえあれば住宅ローンの申請ができるし、審査も通る。それがわかったことは、私にとっても大きな収穫でした。

この事例が、外国人を意識して家を建てるようになったきっかけでした。これからは外国人のお客さまが日本で住宅を欲しがるだろうと、直感しました。

英会話の先生の家を建てると、すぐに彼が、「家を建てたい」という別の人を紹介してくれました。その人がまた次の人を紹介してくれるということが続き、口コミで仕事がどんどん増えていったのです。

また、彼らの社会も見えてきました。日系外国人は、大きなファミリーを持っています。

それは、同じ一軒の家に住んでいる家族というだけでなく、〇〇家一族のようなもので、30人くらいから、多いファミリーでは80人もいます。そのファミリーが、次々に「家が欲しい」と相談に来るようになったのです。

日系人は永住ビザを取りやすいので、ゆくゆくは家族や子どもを呼び寄せて日本に住みたいと思っているのでしょう。日本は祖父や祖母が生まれた国だし、日本に対する憧れもあります。だから、家が欲しいのです。

しかし彼らの家を建てるとなると、低価格でなければ実現しません。

日系外国人は派遣社員やパートが多く、年収も日本人に比べると低いです。しかも、子どもや家族を母国において働きに来ている人が多いので、仕送りもしなくてはなりません。夫婦で働いている人はそれなりの収入があるのですが、住宅費にかけられるお金は月5〜6万円が限度で、大半の人は、それくらいの家賃のアパートに住んでいます。

彼らはお金に関してはシビアで、経済観念もしっかりしています。以前は月5万円で家が欲しいという人が圧倒的に多く、「社長、5万円、月に5万円までだよ!」と、何度も念押しされました。今は土地代を始め、いろいろなものが値上がりしているので、さすがに5万円では難しくなっています。

しかし家賃をまず聞いて、月6万円か、それを少し超えるくらいの金額から逆算して、土地を探したり建物を建てたりしています。

日系外国人の人たちにとって、日本で家を建てることは、かなりハードルが高いことです。限られた給料の中から、生活を切り詰めて、絞り出すようなお金で家を買っています。それを考えると、そのお金を私たちが無駄に使うわけにはいきません。彼らが買える金額で、できるだけよい家をつくってあげたいと思うのは、この仕事をしている私たちにとって当然の感情です。

こうして、外国の方でも買える住宅を建てるようになり、外国人向け住宅建築戸数はすでに400戸を超えました。

適正な価格で、満足度の高い家をつくるために

今までの話を読んでわかると思いますが、日本人の家のつくり方と外国人の家のつくり方は、基本的にまったく違います。外国人は、まず毎月の返済額ありきです。それに対し

て日本人は、自分の要望が先に立っています。部屋は何部屋欲しい、平屋がいい、2階建てがいい、どの辺に住みたいなどと、夢を追いがちです。ですから、ハウスメーカーの営業マンに、「こちらのほうがいいですよ」と、グレードの高いものを勧められると、簡単にその気になってしまうのです。

家は、現実の生活の基盤です。マイホームを持っても、当初の動機や予算を忘れて、思った以上に高い買い物になってしまったら、ローンの返済のために食費や交際費や趣味のためのお金を削るはめになってしまいます。そうなったら、夢のマイホームどころか、生活自体が貧しいものになってしまうでしょう。

むしろ外国人を見習って、月々の返済額ありきでマイホームの計画を進めれば、あとで後悔するようなことはありません。余裕のある返済金額に抑えておき、日々の生活を充実させながら、家も買う。本当のマイホームとは、そういうものだと思います。

家を建てる側から言わせていただくと、コストダウンの一番簡単な方法は、家を小さくすることです。面積を小さくすれば、資材が少なくてすみますから、それだけで価格を抑えることができます。しかし、それは、私の考えるマイホームではありません。ただの、安い小さな家です。

仮に小さくても、それを広く見せたり、センスよく見せて、居心地のよい家にしたりする工夫はいくらでもあります。それをするのが、設計力です。いい設計者がいないと、「価格以上のよい家」はできないのです。私は、そこにこだわって家をつくっています。

私がシングルマイホームを提唱しているのは、独身の時こそ自分の家を持って、その家を基盤にして豊かな生活を送ってほしいからです。それを実現させるには、建てる側の設計力と、買う側の堅実な家づくりのプランが必要です。それが、失敗しない家づくりの基本です。

CHAPTER 5

知っておきたい住宅ローンの話

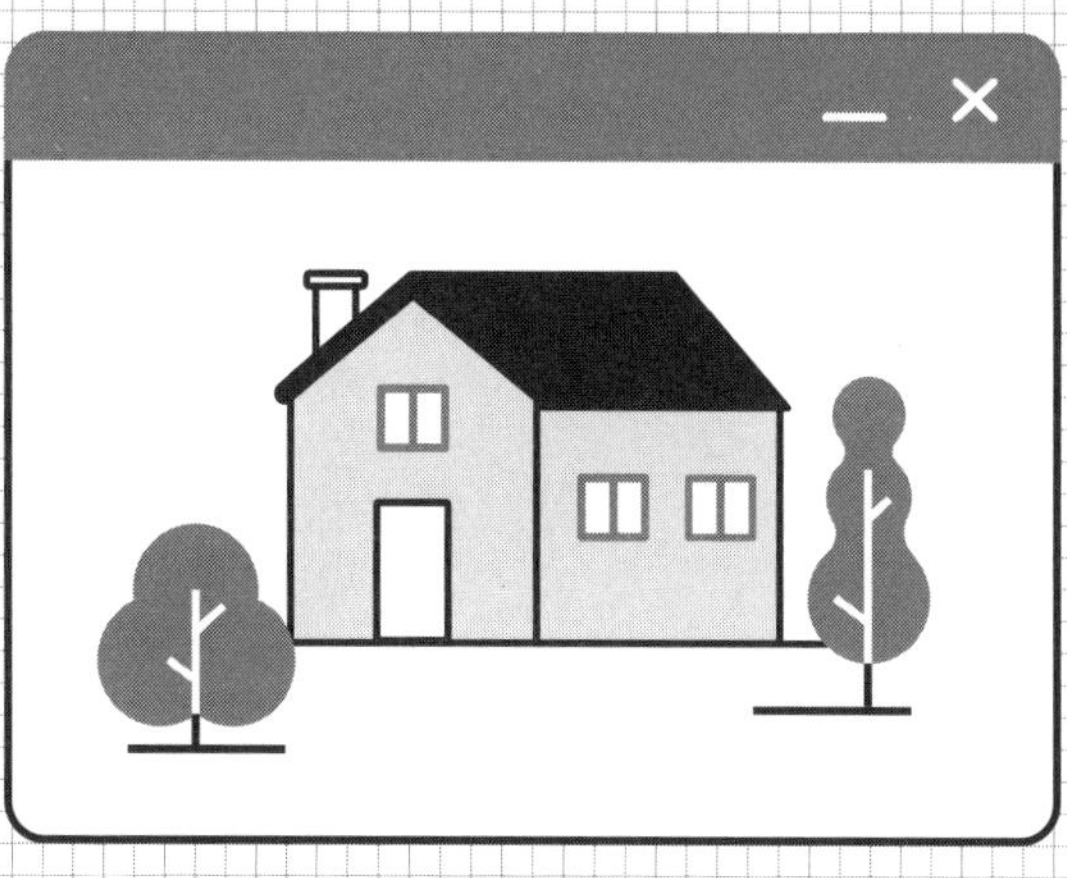

住宅ローンは、意外に借りやすい!?

シングルマイホームは、若い人でも買いやすい価格設定になっています。とはいえ、土地付きで家を1軒建てるわけですから、かなりのまとまった資金が必要です。中には現金で購入されるお客さまもいますが、多くの方は住宅ローンを利用して資金を借り入れることになります。当然、住宅ローンの借り入れは初めて、という方が多いでしょうから、わからないこと、戸惑うことも多いでしょう。

長期ローンの場合、独身者は審査に通りにくいという傾向がないわけではありませんが、それほど心配することはありません。住宅ローンは以前に比べて、だいぶ借りやすくなっています。

たとえば、申し込みに際して、連帯保証人を立てる必要はありません。通常は、保証会社がローンの支払いを保証してくれるからです。また、自己資金ゼロでも借りられるローンが増えています。ですから、独身の方にとっても、ローンのハードルは低くなっていま

住宅ローン審査の流れ

❶仮審査の申し込み：各金融機関の申し込みフォームにしたがって申込書を作成

❷仮審査結果の通知：仮審査申し込みから数日で通知

❸正式審査書類の提出：正式審査申込書類を作成

❹団体信用生命保険の申し込み：団信の申し込みを行う

❺正式審査：必要書類に住民票、所得証明書、住宅売買契約書などを添付・提出

❻正式審査結果の通知：貸出条件などの詳細を確認

❼契約：契約内容の最終確認と契約手続き

す。

融資の条件は金融機関によって多少異なりますが、どこの金融機関でも必ず行っているのが、住宅ローンの借入審査です。この審査に通らなければ、ローンの申し込みはできません。

審査は、事前審査と本審査の2回あります。事前審査は、本審査に通る見込みがあるかどうかを事前に見きわめるための仮審査で、申し込んだ人の返済能力や返済プランの妥当性、購入物件の担保評価などが審査されます。

したがって、本人を証明する身分証明書（運転免許証や健康保険証など）、収入を証明する書類（源泉徴収票など）、勤務状況がわかる勤務先情報などのほか、購入物件に関す

る情報も必要です。

事前審査に通ると、正式にローンの申し込みを行い、本審査に進みます。

本審査は、金融機関だけでなく、保証会社も含めて行われるため、より詳細な審査になります。そのため、結果が出るまでに時間がかかります。事前審査なら数日から1週間程度で出ますが、本審査は1週間から1ヵ月くらいかかることがあります。

この本審査に通ると、融資の契約が成立します。

「審査」と聞くと不安に思う人もいるでしょうが、チェックポイントを押さえておけば、それほど心配することはありません。

参考までに、国土交通省が行った調査の結果を紹介しておきます。審査で何を重視しているか金融機関に尋ねたところ、「借り主の状況」については95％以上の金融機関が、完済時の年齢、健康状態、借り入れ時の年齢、年収、勤続年数を挙げていました。

「資金状況」については、90％以上の金融機関が、物件の担保評価、年収、返済負担率を重視していました（令和元年度民間住宅ローンの実態に関する調査）。

私たちは、次の表のようなことをチェックポイントとして、お客さまにお話ししています。

審査の際に気をつけるチェック・ポイント

□にチェックを入れてみよう!

- □ 現在の借入額と月々返済額はいくらなのか、把握しているか
- □ 住所が転々としていないか
- □ 社会保険加入時期と入社時期は一緒か
- □ 税金（国保・市県民税など）に滞納がないか
- □ 過去の借り入れの有無
- □ クレジットカードの保持枚数
- □ 支払いの遅れの有無
- □ キャッシングの有無と金額・借入先
- □ 現在の返済に遅れがないか（※一番大事）

年収だけでなく総返済負担も重要

住宅ローンを借りるにあたって、年収を気にする人は多いと思います。たしかに年収は重要ですが、じつは金融機関が一番顧客に求めているのは、いかに安定的に長く返済できるか、ということです。ですから、借り主の年齢や健康状態、勤続年数などが重視されているのですが、年収と並んで総返済負担率が重視されているのも、その表れです。

総返済負担率（返済比率）とは、年収に占める年間合計返済額の割合です。この返済比率が低ければ、返済に余裕があるということを意味します。ですから、当然低いほど、審査に通りやすくなります。

返済負担率の基準は金融機関によって異なりますが、政府系住宅ローン「フラット35」に準じている金融機関が多いので、ここでは「フラット35」の基準で説明します。

・年収が４００万円未満……30％以下

・年収が400万円以上……35％以下

たとえば年収が350万円なら返済比率は30％以下ですから、年間の返済金額は105万円まで、月払いにすると8万7500円までです。この返済の範囲までなら、融資を受けられます。

しかしここに含まれるのは、住宅ローンの返済金だけではありません。ほかのローンやクレジットなど、返済が必要な金額がすべて含まれます。

もし、車のローンが月2万円、カードローンでの買い物が月1万円あったら、この3万円（年間36万円）を含んだ105万円以下になります。すると、住宅ローンで返済できる金額は年間69万円（月5万7500円）までになります。

しかし、30％ギリギリの返済比率では審査に通らないことがありますから、もう少し余裕を持たせたほうがいいでしょう。多くても、27～28％までに抑えておいたほうが安全です。

また、家を買う予定があったら、クレジットやカード払いのローンは完済しておきましょう。ほかにローンがなければ、返済比率に余裕があり、審査に有利です。

ローンの注意点についてはほかにもありますので、後述します。

万が一の保障をしてくれる「団体信用生命保険」

住宅ローンの借り入れをすると、団体信用生命保険（通称「団信」）という保険に入ることになります。

団信は、保険の契約者が死亡したり、所定の高度障害になって返済が困難になったりした時、借入金の残りの金額が保険会社から支払われ、ローンに充当されるという保険です。

たとえば1800万円を借り入れて、まだ1000万円の残金がある段階で契約者が交通事故などで突然死亡するようなことがあっても、残りのローンは全額生命保険会社から支払われます。ですから、残された人がローンを払ったり、住む家を失ったりするようなことはありません。

団信に加入するには健康チェックが必要で、健康状態によっては入れないこともあります。保険金額（借入金額）が5000万円を超える場合は「健康診断結果証明書」を提出します。5000万円以下なら健康診断書は必要なく、「告知書」による自己申告だけになります。通常、健康状態に大きな問題がなく、質問の各項目に「いいえ」がつけば、告知書ではじかれることはめったにありません。

ただし、事実を隠していたりすると、保険金は下りません。

この制度は、日本だけの仕組みのようです。以前、アメリカ人の知人にこの保険の話をしたら、「こんなルールはアメリカにもどこにもない。日本だけの制度だ」と、驚いていました。団信で守られているということも含めて、日本の住宅ローンはいい制度だと思います。ですから、家は借りるより買ったほうが、絶対に得なのです。

大事なことは総額予算を速やかに知ること

家を建てる時にかかる費用は、建築費と土地代だけではありません。それに諸経費がつきます。諸経費とは、住宅ローン借り入れの保証料、土地建物の登記費用、土地仲介料などですが、これらは住宅ローンの借入額や土地の購入価格によって変動します。

それと、消費税も忘れないでください。消費税は建築本体価格と付帯工事費、仲介手数料にかかります。土地価格にはかかりません。

この全体予算が総額でいくらになるかが、大事です。私のところでは、設計、建築、不動産を総合的に行っているので、最終的にいくらになるか、総額を速やかに出すことができます。それ以上の追加予算は基本的にはありませんから、どれくらいの住宅ローンを組めるか、その計算もすぐにできます。ですから、「月に6万円の返済で家が建てられますよ」という提案もできるわけです。

ところが、不動産だけ扱っているところでは、土地のことしかわかりません。建築会社は建物本体しか見ていません。すると、見積書に手数料などの諸費用が抜けていたり、ローンのことまでわからなかったりします。その結果、全体予算がなかなか把握できなかったり、あとから追加費用が出たりして、最終的に思った以上の金額になってしまうことがあります。

ローンを組む上で大事なことは、総額予算を早く、正確に知ることです。それによって借り入れできる金額が決まりますから、準備にも早く取りかかれます。

初めてだから知っておきたいローンのこと

家を買いたい人にとって、一番心配なのはローンの審査に通るかどうかでしょう。住宅ローンのような大きな借り入れは、ほとんどの人にとって初めての経験です。とくに収入面で不安のある人は、決まるまでは心配でしょうがないでしょう。

住宅ローンの審査で大事なのは、本人の信用情報（金融履歴）です。

最近はキャッシュレス化が進んで、若い人はカードで支払うことが多くなりました。車のローン、携帯電話の使用料金、家賃、買い物など、いろいろなものにカードを使っています。そういうクレジットやカードローンの個人情報は、信用情報機関に記録され、管理されています。

日本には「株式会社シー・アイ・シー（CIC）」「株式会社日本信用情報機構（JICC）」「全国銀行個人信用情報センター（KSC）」という3つの信用情報機関があります。それぞれ少しずつ役目は違いますが、そこに個人情報（金融履歴）が登録され、必要に応じて、加盟している銀行や信販会社、消費者金融などに公開されます。

その人がどういう金融商品を利用して、支払い状況はどうなのか。今の社会は、そういう金融履歴がその人の信用度を決めます。そこに支払いの遅れなどのマイナス情報があると、審査の結果にも響いてきます。

昔は、家賃などは現金で支払っていました。現金なら、1日、2日遅れても特段文句を言われることもありませんし、記録にも残りません。ですから、当然「遅れ」も発生しません。しかし今は、家賃もクレジット会社を通して支払うことがあるので、1日でも遅れると、「遅れ」として記録に残ってしまいます。

家の購入を考えたら、まずカードローンやクレジットの支払いに遅れや払い忘れがないか、確認してみてください。本審査は既存借入金の返済が条件で融資が承認されますから、返せるローンは早めに返しておきましょう。

また、個人の信用情報は本人の申し出によって開示されますので、前もって自分の金融履歴を確認しておくといいでしょう。

こんなうっかりミスに注意！

住宅ローンの審査は、ちょっとしたうっかりミスでも通らないことがあります。そうした、ローンのよくある失敗例を紹介します。

●注意① 支払いの遅れ……自動車ローンのケース

自動車ローンを組んでいる人は多いと思います。ローンは銀行口座から引き落とされますが、クレジット会社の引き落とし日は、たいてい毎月27日です。給料が25日に振り込まれることが多いからですが、中には月末払いの会社もあります。

すると、ローンの引き落とし日の27日は一番お金のない時期で、口座から引き落とされないことがあります。しかし、3日もすれば給料が入りますから、月が変わって振込用紙が送られてきたら払えばいいと思っている人も多いでしょう。何日か遅れたにしても、毎月払っているわけですから、ほとんどの人はそれほど気にしていないのではないでしょう

か。

しかし、契約で決められた「約定日」に支払いをしていないと、クレジット会社によってはそれを「遅れ」とみなして、信用情報機関に登録してしまいます。ほんの2、3日でも、遅れは遅れなのです。

たとえば車を、5年ローンの60回払いで買ったとします。いくらお金を毎月きちんと支払っていても、その全部の回で遅れると、60回も支払いが遅れていることになってしまいます。これは、データ上では立派なブラック情報。住宅ローンが借りられないことがあります。

しかしこうしたケースでも、返済が終わり、一定期間が過ぎれば、記録は全部消えるので、審査に通るようになります。問題は支払い途中で、遅れが10回も15回も続いている時に住宅ローンの申し込みをするようなケースです。これは、審査に通りません。

こうした基本を知った上で、住宅ローンの準備をすることが大事です。

●注意② 異動債権情報……携帯電話料金のケース

信用情報の中に、「異動情報」という記載があります。わかりやすくいえば事故情報、ネガティブ情報のことで、俗にいうブラックリストに載るような情報のことです。返済が遅れたり（遅滞・遅延）、返済が不能になって法的に借金が整理されたり（債務整理）、保証人や保証会社が代わりに返済（代位弁済）したりすると、異動情報となり、住宅ローンの審査に通りにくくなります。

若い人の場合、異動情報になりやすいのが携帯電話の料金です。携帯の電話料金は、クレジットやカード払いが多いですが、引っ越した時、引っ越し先を携帯会社に連絡しないまま引っ越してしまうと、請求書は前の住所に届きます。それが引っ越し先に転送されてこないと、払い損ねてしまいます。すると、債権が債権回収会社に売られてしまい、そこから未払い金の取り立てを受けることになります。

この異動情報の記録は、未払い残高がある限り、いつまでも消えません。また残高を支払ったとしても、5年間は異動情報の記録が残ったままです。

携帯電話料金は、本体の機種代に毎月の通話料がプラスされて請求されます。本体機種代は24回払いくらいのクレジットになっていますが、利用者はクレジットだということを忘れていることがあります。ですから、通話料金の遅れだけならたいしたことはない、催促がきたら払えばいいと気楽に考えがちです。

しかしクレジットの支払いが遅れれば、当然、金融履歴に記録されてしまい、うっかり払い忘れたではすまなくなってきます。携帯料金の支払いは、安易に考えるべきではありません。引っ越す時は、必ず携帯会社やクレジット会社に連絡しましょう。

●注意③ 一括払いはかえってマイナス?

今の若い人はカードを何枚も持っていますが、たくさん持ちすぎると、使いすぎます。使いすぎるとどれだけ使ったかわからなくなり、支払いが遅れたり、払い忘れたりすることも多くなります。5回も6回も遅れを出すと、知らないうちに、先ほどいった異動情報になってしまいます。最近は5回、6回どころか、直近で3回続けて遅れがあると異動情報になり、住宅ローンが通らなくなってしまうこともあります。

　では、そういう人が家を欲しい、住宅ローンを組みたいという時、どうしたらいいでしょうか。

　じつは、いい解決策があるのです。支払いの遅延が続いたあと、毎月きちんと払い続けて正常払いに戻すと、場合によっては異動情報の記録が消えることがあるのです。

　ですから、もし何回か続けて遅れを出してしまったら、そのあと、約定どおりにきちんと払い続けてください。間違っても、残りが少ないからまとめて払おう、なんて殊勝なことは考えないほうがいいでしょう。たとえば、6ヵ月以上きちんと払えば、「約定日にきちんと払っている」という記録が残ります。しかし一括で残りを払ってしまうと、3回続けて遅れた記録がいつまでも残ってしまい、その情報が消えるまでに5年かかります。

　すべてのケースに当てはまるわけではありませんが、遅延や遅滞をしてしまったら、正常払いに戻すことが大事です。


　住宅ローンに限らず、ローンのトラブルが多いのは、借り入れをする人がローンの仕組みをよく知らないからです。知らないまま使っているから、いろいろなところでつまずいてしまいます。ただつまずくだけならいいのですが、そのおかげで何年も住宅ローンが通らないとなると、大きな損失です。人生設計が狂ってしまうこともあります。

本当に、ちょっとしたことなのです。それに気をつけるだけで、トラブルを防ぐことができます。そうすれば、金融機関の審査もこわくなくなります。

家を買いたい人は、自分のカードローンやクレジットを早めに見直して、支払い状況を確認しておきましょう。

「いくら借りられるか」より「払い続けられる」設定を

住宅ローンの審査で重視されている返済比率は、年収に占めるローンの総額の割合ですから、前に書いたようにすべてのクレジットやカードローンの返済が含まれます。この返済比率が上限ギリギリだと審査が通りにくいので、基準が30％以下なら、27～28％以下に抑えるようにします。すると、ローンが通りやすくなりますし、生活にも余裕が生まれます。

私は、じつは住宅にそんなにお金をかけなくてもいいと思っています。今、国の住宅の基準は厳しくなっているので、その基準に合格した住宅であれば、安全性や耐久性は守られます。そこに少し今風のテイストを加えるのは、設計力です。センスのよい設計者なら、そんなにお金をかけなくても、デザイン性の高い住宅をつくることができます。

家は、生活するための基盤になるものです。その家で、少しでも豊かな生活を送れるように建てるのが、シングルマイホームです。無理して目一杯お金を借りて少しいい家を建てたとしても、そのあとローンの返済で大変な思いをするのでは、本末転倒です。

ですから私たちは、まず、今払っている家賃を聞いて、その家賃並みか、家賃より安い返済ですむように、ローンを設定しています。住む人が、無理なく払い続けられることが一番大事だと考えているからです。

ところが、いつの間にか、「いくらまで借りられるか」とか、「できるだけたくさん借りたい」という方向に話が誘導されて、すっかり気持ちがそっちに向いてしまいます。3つの錯覚のところで書いたように、初期動機を忘れ、金銭感覚がマヒし、100万円余分に借りても、毎月の返済が約3000円増えるだけ、というローンのマヒにも陥ってしまい、適切な判断ができなくなってしまうのです。

しかし現実に戻った時、夢から覚めたように、生活の大変さに愕然とします。「いくらまで借りられるか」ではないのです。大切なのは、ローンを返済しても少し余裕があり、安心して生活できることです。そして、ずっと払い続けられることです。それを肝に銘じておいてください。

「限界ローン」を組めば地獄が始まる

独身で自立した生活をしている人の大半は、アパートなどの賃貸住宅に住んでいるでしょう。これまでくり返し申し上げているように、家賃は使い捨ての出費です。部屋を借りている以上、年収の多寡にかかわらず、誰もが家賃を払わなければなりません。同じお金を住む家に使うなら、ローンを組んで自分の家を買ったほうが、お金の使い方としてはずっと有効ではないでしょうか。

「それは、ある程度年収のある人の話でしょう」と、思う人がいるかもしれません。しかし、たとえば、年収250万円の人でも、住宅ローンは借りられます。

ローンを借りる場合、年収が250万円で、返済比率が30％以下だとしたら、年間72万円以下の返済額になります。ここから、29・99％という、30％ギリギリの返済比率で、金利1・2％で計算すると、1980万円まで借り入れできます。

年収250万円でも意外にたくさん借り入れできるのだと、驚かれた人も多いでしょう。ですから、シングルマイホームの購入も決して夢ではないのです。

ただし、「限界ローン」という落とし穴にはまらないようにしてください。年収や借入金額にかかわらず、私たちは、返済比率（借入限度額）ギリギリまで借りるローンのことを、「限界ローン」と呼んでいます。返済比率ギリギリでも、計算上では借りられますが、実際の審査にほぼ通りません。審査する人から、返済するには無理があると判断されてしまうからです。

そこで、もう少し借入金額を下げて、1980万円ギリギリではなく、1500万円くらいで申請すると、通りやすくなります。これで融資の承認が出ると、住宅会社の営業マンはこう言います。

「玄関を広くすると、もっといいですよ」

「壁クロスをこちらに変えると、高級感が出ます」……

こうした変更やオプションを提案して、価格を1700万円、1800万円に上げていくのです。初めてローンを申請する人は、ローンが通るまでは心配でたまりません。しかし1500万円で通ると、その喜びと安心感で、気持ちが高揚します。その時、あと200万円、300万円出せばもっとよくなるという営業マンの口車に乗ってしまうのです。

借入金は、年収の30％までの返済ができればいいことになっていますから、一度融資が承認されていれば、1980万円まで通る可能性があります。しかしそこは安全を見越して、28～29％で変更申請すると、1900万円くらいは借りられます。

しかし、お金は借りられても、その後ちゃんと生活していけるでしょうか。毎月の返済額は予定より膨らんでしまいましたし、マイホームを持つと、アパート時代にはなかった出費も増えます。

そもそも、マイホームとは、自分の家を持ってゆとりある生活を楽しむことです。無理なローンを組んでしまうと、ゆとりある生活どころではなくなってしまいます。

無理な返済計画には限界がある

限界ローンでもう一つ気をつけたいのは、夫婦の収入を合算して住宅ローンを組む方法です。

シングルマイホームは2人でも十分暮らせるので、若いご夫婦や、結婚を前提にしたカップルにも人気があります。

最近、こんな例がありました。結婚したばかりのご夫婦で、ご主人の年収が300万円。ところが、外車のいい車を持っていて、月に5万円の車のローンがあります。返済比率は、すべてのローンの返済ですから、住宅ローンの返済に毎月6万円が必要だとすると、月に11万円（年間132万円）の返済をしなければなりません。300万円の年収では返済比率を大幅に上回り、とうていローンの審査に通りません。

そこで、夫婦の収入を合算しましょうと、住宅会社の営業社員から提案されました。奥さんの年収は200万円なので、合算すると500万円になります。返済比率は35％以下ですから、毎月11万円の返済は可能です。じゃあ、これでいきましょうということになって、ローンの手続きを進めてしまうと、落とし穴が待っています。

奥さんは契約社員で、仕事は1年後に契約満了になります。そのあとも契約が更新されれば問題ないのですが、どうなるかはわかりません。もしご主人だけの年収になったら、返済できないのは目に見えていますから、非常に危険です。

しかしそんなことは、営業社員にとっては関係のないことです。自分の売り上げが上がれば、いいのです。

夫婦2人が働ける状態がずっと続けばいいのですが、一方の仕事がなくなったり、子どもが生まれて奥さんが働けなくなったりすることもあります。その時どうするか、ということです。

今は払えるけれど、払える条件が少しでも崩れたらローンが返済できなくなり、最悪の場合、家と土地は担保に取られ、家庭崩壊、なんてことになりかねません。幸せになるために買った家が、不幸の入り口になることもあるのです。

住宅会社の営業社員は、一見、お客さまのためにいろいろ尽くしてくれているように見えます。しかし契約が取れて家が建てば、それで終わる関係です。住む人のその後のことなど、考えてはいません。その後のことを考えるのは、住む人本人なのです。ローンは、その後も長く続きます。どうか冷静になって考えて、無理しないでほしいと思います。

シングルマイホームとアパート、どっちがお得？

最初の予算で、家を建てる。この当たり前のことが、日本人はなかなかできないようです。せっかく家を建てるなら、少しくらい高くなっても——という気持ちが、どこかにあるのでしょう。しかし、お金についてはもっとシビアに考えないと、あとで痛い目にあいます。余裕を持って返済できる金額で買える家。これが基本です。

なぜかというと、自分の家を持つと、思ってもいなかった出費が増えるからです。それを考えると、毎月の返済はなるべく低く抑えたほうが安心です。

これまで、私はさんざん、アパート代はもったいない、無駄な支払いだという話をしてきました。それは、払ったお金が捨て金になってしまい、資産形成に少しも役立たないからです。しかし単純にアパート時代の生活費と、マイホームを買ったあとの生活費を比べると、アパート時代のほうが安くすんでいると思います。

マイホームを持つと、それまで必要なかった固定資産税、都市計画税などの税金が増えます。火災保険や地震保険に入る必要性も出てきますし、長い目で見れば、修繕費やリフォーム代などの維持管理費もかかるでしょう。住宅を一戸構えるとなると、何かと出費は大きくなります。

しかし一方で、ローン減税や住宅取得控除があるので、その分はプラスになります。一度プラスマイナスを計算してみて、どのくらい出費が増えるのか、あるいは減る可能性があるのか、試算してみるのもいいでしょう。

さらにもっと視野を広げて、一生にかかる出費は、シングルマイホームとアパートではどちらが多いのでしょうか。

インターネット（参考「マネーの達人」）上に、ファイナンシャル・プランナーの資格を持つ西島楓さんが出した試算表があるので、参考にさせてもらいました。25歳で戸建住宅を買った人と、25歳からずっと賃貸アパートに住み続けた人の、60年間の出費の総額の比較です。それを見ると（戸建住宅を購入した人は５９９１万９９２１円、賃貸に住み続

けた人は5974万2000円）、差はほとんどないようです。
この比較試算表は一例で、条件などによって数値は違ってくるとは思いますが、もしもそんなに大きな差がないならば、持ち家のほうがずっと得だと思います。なぜなら、自分の家という財産が残るからです。
しかし私が強調したいのは、単にお金の問題だけではありません。自分の家を持つことによって得られる安心感や充足感や心のゆとりは、アパートの比ではないと思います。
賃貸では、仕事を辞めた後も、また、万が一病気や高度の障害などで働けなくなっても、一生家賃を払い続けなければなりません。その点、持ち家なら団体信用生命保険に加入しているので、万が一の時も安心です。

また、高齢になると賃貸契約の更新が難しくなったり、別の物件に引っ越そうと思っても、新たな賃貸契約ができなかったりすることもあります。最悪の場合、住む家が見つからないということにもなりかねません。

そういうことを考えると、シングルマイホームは、安心、安定した生活を支えるインフラにもなりうるのではないかと思います。

おわりに

本書で紹介したシングルマイホームは、ほぼ50年にわたる私の建築家人生の、最後にたどり着いた結論です。言い替えれば、私の仕事の集大成のようなもの、と言っても過言ではありません。

独身者のための戸建住宅、シングルマイホーム。この企画は、独身者は賃貸暮らし、という従来の常識を覆すものでした。まさに、常識破り、常識外れの家づくりです。

しかし、本当に常識外れでしょうか。むしろ、これからの社会では、こうした新しい家づくり、住まい方が求められるのではないでしょうか。

「1人で住むマイホームが欲しかった」
「独身だからこそマイホーム。マジに考えています」
「1人ときどき2人というコンセプトに、希望を感じました」
「広すぎない間取りが気に入った」

「これからの時代に合った新しい常識の家、ステキです」

シングルマイホーム完成見学会に訪れた、独身の方々の声です。中には、即決、現金払いで購入されたお客さまもいました。シングルマイホームは常識外れどころか、時代の要請に合っている。私は、来場された方々の反応に、意を強くしました。

家は結婚してから、子どもができてから持つのではなく、独身のうちに持ってローンの返済を早く終わらせる。そして、ゆとりある生活を楽しむ。これが、シングルマイホームが提案する新しい家づくり、新しい住まい方です。それは単なる住宅の供給にとどまらず、新しいライフスタイルの提案でもあります。

当社は、スタッフの9割が独身です。シングルマイホームは、若い彼らの知恵を結集し、スタッフ一丸となってつくりあげたものです。いつも、思いついたように新しい企画を考え、今までにないものを誕生させようとしている私に、ついてくるのは大変だったでしょう。その彼らの努力が、シングルマイホームに結実しました。スタッフみんなに、感謝します。

そして、この企画に賛同し、協力してくれている家づくりの関係者すべての方に、心からの感謝を申し上げます。皆さまのご協力なしでは、シングルマイホームを求める方々のたくさんの笑顔を見ることはできなかったと思います。本当に、ありがとうございました。

２０２４年３月

ウッドゆう建築事務所代表　横張国弘

〝シングルマイホーム〟全国加盟店リスト

有限会社クニオ建築事務所
〒970-1152福島県いわき市好間町中好間八反田21-2
0246-36-4963　https://kunio-architecture.com/

ＹＫ建物株式会社
〒379-2214群馬県伊勢崎市下触町841-2
0270-40-0740　https://crosshouse.jp/

株式会社鮫島工業
〒321-2336栃木県日光市荊沢599
0288-22-0448　https://single-myhome.samejima.site/

アースハウジング株式会社
〒790-0915愛媛県松山市松末1-4-10
089-933-9112　https://single-myhome.earthhousing.jp/

株式会社アイビーホーム
〒963-8862福島県郡山市菜根4-17-11
024-990-0855　https://singlemyhome.ib-home.com/

株式会社井上組
〒699-4225島根県江津市桜江町小田943-12
0855-92-0151　https://inoue-inc.co.jp/

株式会社明徳ホーム
〒761-8011香川県高松市香西北町489-1
087-881-8885　https://www.meitoku-home.co.jp/

株式会社ウイニングホーム
〒501-6003岐阜県羽島郡岐南町平島4-23-1
058-246-8333　https://winning-home.com/

株式会社ｉＢＯＸ
〒400-0306山梨県南アルプス市小笠原1393-9
055-215-1099　https://www.ibox-yy.com/

有限会社山口工建
〒965-0016福島県会津若松市中島町7-20
0242-22-4714　https://excelhome-y.com/

株式会社ヤマタホーム
〒680-0911鳥取県鳥取市千代水2-130
0857-30-5211　https://www.yamatahome.com/

有限会社しみず不動産
〒289-1144千葉県八街市八街ろ183-106
043-443-1702　https://www.athome.co.jp/ahch/shimizu-fudousan.html/

〝シングルマイホーム〟という新《あたら》しい住《す》まい方《かた》のすすめ

2024年 5月1日　初版第1刷

著　者――――――――横張国弘《よこはりくにひろ》
発行者――――――――松島一樹
発行所――――――――現代書林
〒162-0053　東京都新宿区原町3-61　桂ビル
TEL／代表　03(3205)8384
振替00140-7-42905
http://www.gendaishorin.co.jp/

ブックデザイン＋DTP――吉崎広明（ベルソグラフィック）
本文イラスト――――――にしだきょうこ（ベルソグラフィック）
カバー・章扉イラスト――Designsells/shutterstock

印刷・製本：㈱シナノパブリッシングプレス
乱丁・落丁本はお取り替えいたします。

定価はカバーに
表示してあります。

ISBN978-4-7745-1808-4 C0052